国家级职业教育规划教材

人力资源和社会保障部职业能力建设司推荐

高等职业技术院校物流管理专业教材

物流法律法规

人力资源和社会保障部教材办公室 组织编写

主编 李春富

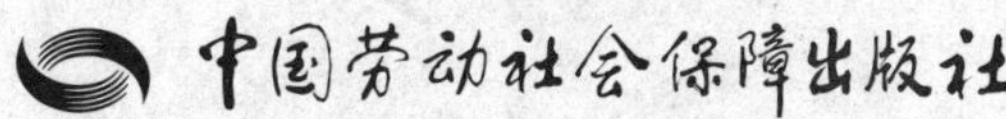

图书在版编目(CIP)数据

物流法律法规/李春富主编. —北京：中国劳动社会保障出版社，2012
高等职业技术院校物流管理专业教材
ISBN 978-7-5045-9529-4

Ⅰ.①物… Ⅱ.①李… Ⅲ.①物流-物资管理-法规-中国-高等学校-教材 Ⅳ.①D922.29

中国版本图书馆 CIP 数据核字(2012)第 044205 号

中国劳动社会保障出版社出版发行

（北京市惠新东街 1 号 邮政编码：100029）

出 版 人：张梦欣

*

北京市科星印刷有限责任公司印刷装订 新华书店经销

787 毫米 ×1092 毫米 16 开本 10.5 印张 238 千字

2012 年 3 月第 1 版 2024 年 12 月第 7 次印刷

定价：19.00 元

营销中心电话：400-606-6496

出版社网址：http://www.class.com.cn

http://jg.class.com.cn

前 言

近几年，随着国民经济的飞速发展，我国物流行业进入了一个新的发展阶段，物流企业的运营方式、业务流程、技术手段、服务质量等不断向标准化、专业化、规模化、社会化、信息化的方向发展。为了适应物流行业的发展，培养更加符合企业需求的专业技能人才，我们组织一批教学经验丰富、实践能力强的教师与行业、企业的专家，在认真分析物流企业岗位需求和完善课程教学方案的基础上，编写了一套新的物流管理专业教材。与2006版教材相比，新版教材体系更加完善并采用了理实一体化的编写思路。目前，两套教材可较好地满足高等职业技术院校不同的教学需求，各校可根据自身的教学条件、课程设置等进行选择。

本套教材共计15种，分别为《物流基础》《物流法律法规》《物流经济地理》《物流信息技术应用》《物流设施与设备》《物流仓储业务与管理》《物流配送业务与管理》《物流仓储与配送实务》《物流运输业务与管理》《物流采购业务与管理》《物流客户服务与管理》《物流成本管理》《物流市场营销》《国际货运代理》和《报检与报关》，其中《物流仓储与配送实务》教材是为了满足部分院校将仓储、配送两门课程合并教学的需要而开发的。

在教材组织编写工作中，我们坚持了以下原则：

第一，突出职业特色，从职业岗位分析入手，合理构建教材的知识和技能结构，注重对学生实践能力的培养，提高教材的针对性和适用性。

第二，突出行业特色，根据物流行业的发展现状，尽可能多地在教材中体现新知识、新技术和新方法，提高教材的先进性，使教材具有鲜明的时代特征。

第三，突出职业资格证书与学历证书并重的精神，力求使教材内容涵盖助理物流师国家职业标准的相关要求。

第四，突出可接受性，在教材编写方面，力求文字表达通俗易懂，并尽量采用以图代文、以表代文的表现形式，激发学生的学习兴趣。

在本套教材的编写过程中，有关省市教育部门、人力资源和社会保障部门以及一批高等职业技术院校给予我们有力的支持，教材的主编、参编、主审等有关人员做了大量的工作，在此，我们表示衷心的感谢！同时，恳切希望用书单位和广大读者对教材提出宝贵的意见和建议，以便修订时加以完善。

人力资源和社会保障部教材办公室

2012年2月

内容简介

本书为国家级职业教育规划教材，由人力资源和社会保障部职业能力建设司推荐。

本书根据高等职业技术院校物流管理专业的教学实际，由人力资源和社会保障部教材办公室组织编写。本书主要内容包括：物流法律法规概述、物流采购法律法规、物流仓储法律法规、物流运输法律法规、物流配送与流通加工法律法规、物流包装与搬运装卸法律法规、物流活动保险法律法规等。

本书由李春富主编，胡志伟、王珊珊副主编。

目　录

第一章

物流法律法规概述

第一节 物流法律法规基础知识

现代物流在我国作为新兴产业，受到了前所未有的关注，发展十分迅速，已经成为我国第三产业发展的重点。物流行业的良性发展，需要完善的法律环境，但物流作为一个产业在我国形成的时间短，所有与物流有关的法律规范都分散在各个部门法中，而没有形成一个独立的、完整的“物流法”。因此我们所讲的物流法律制度体系其实是以物流业为核心，根据物流业涉及的相关法律活动，如运输、仓储、配送、加工、包装等业务，将相关的法律整理、归类，形成一个具有相对独立性的法律规范集合体。

一、物流法的概念

法律是调整社会关系的一种行为规则。物流法是指调整与物流活动有关的社会关系的法律规范的总称，具有广泛性、复杂性、技术性、国际性等特征。

二、中国物流法律法规的渊源

法律渊源是指法律的表现形式，是不同国家机关依法制定的各种具有不同法律效力的规范性文件。这些规范性文件因制定的国家机关不同而具有不同的效力。目前，我国物流法规的法律渊源大致包括下列几个层次：

1. 法律

法律是指由拥有立法权的国家机关（在我国为全国人民代表大会及其常务委员会）按照立法程序制定和颁布的规范性文件。在有关物流法规的各种表现形式中，法律具有最重要的地位。在由国家制定的现行法律之中，直接为物流活动制定或与物流活动有关的法律有：《合同法》《中华人民共和国海商法》（以下简称《海商法》）《中华人民共和国民用航空法》（以下简称《民用航空法》）《中华人民共和国铁路法》（以下简称《铁路法》）《中华人民共和国公路法》（以下简称《公路法》）《中华人民共和国港口法》（以下简称《港口法》）等。

2. 行政法规

行政法规是指由国家最高行政管理机关即国务院为了实施宪法和有关法律，在自己职权范围内制定的基本行政管理规范性文件的总称，其法律地位和法律效力仅次于宪法和法律。目前，我国有关物流方面的行政法规有直接为物流制定的法规，以及与物流有关的法规。从内容和行业管理上看，基本上属于海上、陆地和航空运输管理以及消费者权益保护、企业管理、合同管理等方面的法规。涉及物流的行政法规有《中华人民共和国海港管理暂行条例》《中华人民共和国公路管理条例》《中华人民共和国国际海运条例》《中华人民共和国航道管理条例》等。

3. 规章

规章是指由国务院各部委办，包括一些直属机构为实施法律、行政法规而在自己权限范围内依法制定的规范性行政管理文件。涉及物流的部门规章有《商业运输管理办法》《铁路货物运输规程》《国际铁路货物联运协定》《国际货物运输代理业管理规定实施细则》《关于加快我国现代物流发展的若干意见》等。

4. 地方性法规

地方性法规是指由地方国家机关即地方人民代表大会及其常务委员会制定的一种规范性文件。其法律效力低于行政法规，只在地方政府管辖范围内有效，即受地域范围的限制。例如，上海市颁布执行的与物流有关的法律规范等。

由于各省、自治区、直辖市经济发展和立法进程各不相同，所以此类规章的种类和内容在各个地区之间有很大的差异。沿海经济发达地区由于贸易活动多，物资流动频繁，除执行具有全国效力的法律和行政法规外，也通过地方立法的形式制定较为具体的物流类规章。与之相比，经济欠发达地区地方立法相对弱一些。地方规章的制定首先考虑的是本地区的经济利益，所以在某种程度上容易形成跨区域物流运行中的壁垒和障碍。

5. 国际条约

国际条约是指国家及其他国际法主体间所缔结的以国际法为基础，确定其相互关系中的权利和义务的一种国际书面协议，也是国际法主体间互相交往一种最普遍的法律形式。涉及物流的国际条约很多，但并不是所有国际条约都可以无条件地在任何一个国家内生效。根据国际法和国家主权原则，只有经一国政府签署、批准或加入的国际条约，才对该国具有法律约束力，才能成为该国物流法规的表现形式。

我国加入了多个国际公约，其中海运方面最多，其次是航空和铁路，公路类的国际公约较少。

三、物流法律法规的分类

1. 物流采购法律规范

物流采购主要包括三种形式：

（1）物流运输工具、装卸设备、包装设备材料的购买，适用《中华人民共和国合同法》（以下简称《合同法》）《中华人民共和国民法通则》（以下简称《民法通则》）等法律规范中关于买卖合同的规定。

（2）物流运输工具、装卸设备、包装设备、仓储场地的租赁，适用《合同法》《民法通则》等法律规范中关于租赁合同的规定。

（3）物流加工业务和辅助工作的外包，适用《合同法》《民法通则》等法律规范中关于承揽合同的规定。

2. 物流运输法律规范

对物流运输，首先要适用《合同法》《民法通则》等民事法律规范中关于运输合同的规定，如《海商法》《铁路法》《民用航空法》另有规定的按照特别法优于普通法的原则优先适用。同时国务院及有关部委也颁布了一系列物流方面的法规、规章，物流企业在相关的物流运输业务中也可能会与铁路、水陆、航空运输企业发生业务关系，在合同当事人没有约定的情况下法院也可能引用这些行政法规和规章来确定运输合同当事人的权利义务关系，因此对有关铁路、水陆、航空运输的有关法律法规也应该有一定的了解，熟悉有关运输规则。

（1）公路运输

公路运输的相关法律法规有：《汽车货物运输规则》《道路大型物件运输管理办法》《道路危险货物运输管理规定》《超限运输车辆行驶公路管理规定》《公路汽车货运站收费规则》《公路运价管理暂行规定》《汽车零担货运站站务管理办法》。

（2）铁路运输

铁路运输的相关法律法规有：《铁路货物运输合同实施细则》《铁路货物运输规程》《铁路货物运价规则》《铁路超限货物运输规则》《铁路货物保价运输办法》《铁路危险货物运输规则》《铁路货物运输管理规则》《铁路零担货物运输包装管理办法》等。

（3）海运运输

海运运输的相关法律法规有：《中华人民共和国海上交通安全法》（以下简称《海上交通安全法》）《国际海运条例》《国际海运条例实施细则》等。

（4）水路运输

水路运输的相关法律法规有：《国内水路货物运输规则》《水路货物运输合同实施细则》等。

（5）航空运输

航空运输的相关法律法规有：《民用航空货物国内运输规则》《民用航空货物国际运输规则》《航空货物运输合同实施细则》等。

（6）集装箱运输及多式联运

集装箱运输及多式联运的相关法律法规有：《铁路集装箱运输规则》《站场国际集装箱管理办法》《国内集装箱汽车运输收费规则》《集装箱汽车运输规则》《铁路和水路货物联运规则》《国际集装箱多式联运管理规则》。

（7）危险物品运输

危险物品运输的相关法律法规有：《水路危险货物运输规则》《汽车危险货物运输规则》《危险化学品安全管理条例》《铁路危险货物运输规则》《国际海运危险货物规则》等。

3. 物流仓储法律规范

物流仓储的主要法律依据是《合同法》中关于仓储合同的规定，如经营保税仓库必须符合《海关对保税仓库及所存货物的管理规定》，另外仓储业务还必须符合有关规章，如《仓库防火安全管理规则》《商业仓库管理办法》。

4. 物流搬运、装卸法律规范

物流搬运、装卸应当适用《民法通则》《合同法》中有关承揽合同、运输合同的规范，同时还要遵守有关部门规章，如《港口货物作业规则》《铁路装卸作业安全技术管理规则》《汽车货物运输规则》。

5. 物流包装法律规范

首先是《合同法》中运输物品包装的规范，其次是有关部门规章中的包装规范，如《铁路零担货物运输包装管理办法》《水路危险货物运输规则》《药品包装用材料、容器管理办法》，还有物流包装国家标准，如《一般货物运输包装通用技术标准》《运输包装件尺寸界限》《运输包装件试验》《包装储运图标标志》《危险货物运输包装通用技术标准》。

6. 物流加工法律规范

物流加工有两种，一种是物流企业为他人加工；一种是物流企业委托他人加工。无论哪种形式，都属于加工承揽业务，适用《合同法》中关于加工承揽合同的规定。

7. 物流配送法律规范

物流配送的法律性质实际上是一种无名合同，其权利义务的内容包含了买卖、仓储、运输、承揽和委托等多个方面，因此关于物流配送应当适用《合同法》和《民法通则》中有关买卖、仓储、运输、承揽和委托合同的法律规范。

8. 货运代理法律规范

货运代理属于委托合同，适用《合同法》关于委托合同的法律规范。另外关于国际货运代理的部门规章有《国际货物运输代理业管理规定》《国际货物运输代理业管理规定实施细则》《外商投资国际货物运输代理企业管理办法》。

9. 物流保险法律规范

物流保险方面的法律有《合同法》《保险法》《海商法》和保监会的有关规章。

四、物流法律关系

1. 物流法律关系的含义

物流法律关系是指物流法律规范调整物流活动的过程中所形成的具体的权利义务关系。包括物流法律关系的主体、客体和内容三大要素。

2. 物流法律关系的分类

（1）民商事物流法律关系

民商事物流法律关系是指平等主体在进行民商事活动中所形成的物流法律关系。主要是指物流关系中的平等主体通过签订民商事合同的方式进行交易活动。

（2）行政物流法律关系

行政物流法律关系是指物流活动中围绕物流企业设立、物流活动监督管理而发生的法律关系。主要是指国家机关在对物流企业的设立进行管理和日常行政管理过程中所形成的法律关系。

（3）物流法律关系的要素

法律关系是由法律关系的主体、法律关系的内容和法律关系的客体这三个要素构成的，缺少其中任何一个要素，都不能构成法律关系，物流法律关系同样如此。

1）物流法律关系的主体。物流法律关系的主体是指参加物流法律关系，依法享有权利和承担义务的当事人。根据我国相关法律规定，物流法律关系主体大致包括：民商事物流法律关系主体，即法人、其他组织、自然人；行政物流法律关系主体，即国家行政机关、物流企业、其他组织。

2）物流法律关系的内容。物流法律关系的内容是指物流法律关系主体在物流活动中享有的权利和承担的义务。权利是指主体依法行使的权力和享受的利益。义务是指公民或法人按法律规定应尽的责任。

3）物流法律关系的客体。物流法律关系的客体是指物流法律关系的主体享有的权利和承担的义务所共同指向的对象，它包括物、智力成果和行为。

在物流法律规范中，由于不同形式的物流活动产生不同的权利义务关系，在多数情况下，物流法律关系表现为一种债的法律关系，即权利主体请求义务主体为或不为一定行为，其客体主要是指各种给付行为。

3. 物流法律关系的发生、变更和终止

（1）物流法律关系的发生

物流法律关系的发生，又称物流法律关系的设立，是指因某种物流法律事实的存在而在物流法律关系主体之间形成某种权利和义务关系。

物流法律事实是指由法律所规定的能够引起物流法律关系发生、变更和消灭的客观现象，包括物流法律事件和物流法律行为两大类。

（2）物流法律关系的变更

物流法律关系的变更，又称物流法律关系的相对消灭，是指因某种物流法律事实的出现而使物流主体之间已经存在的物流法律关系发生改变。

物流法律关系变更的结果往往是使已经存在的物流法律关系的主体、客体或内容发生某种变化。如运输过程中遭遇严重的交通事故，使交货的时间推迟或货物损坏，致使原合同无法全面履行。

（3）物流法律关系的终止

物流法律关系的终止，又称物流法律关系的绝对消灭，是指因某种物流法律的实施而使已经存在物流主体之间的物流法律关系归于消灭。

【案例讨论】

2009 年 4 月 18 日，某家用电器配载经营部的代表与某物流公司运输部浙 A××××× 货运车的驾驶员叶某、该车的实际车主王某在上海签订了一份公路货物运输合同书，该合同未加盖物流公司的公章。合同约定：浙 A×××××号车为家用电器配载经营部从上海、浙江等地承运一批货物，目的地是成都。合同还对运费、运输时间等内容作了约定。合同签订后，浙 A×××××号车在运输途中发生交通事故，使家用电器配载经营部托运的货物遭受重大损失，货损共计 21 810 元。此后，因协商无果，家用电器配载经营部提起诉讼，要求该物流公司赔偿货损。

一审法院认为，第三人王某同叶某以被告物流公司的运输车辆、行驶证和营运手续等与原告签订的运输合同，应确认为物流公司的经营活动。鉴于在购车合同中，有在付款期内因王某发生事故对第三者造成人身伤亡和财产损失时由实际车主王某承担全部责任的约定，因此判决王某和物流公司对本案中的货物损失负有赔偿责任。物流公司不服一审判决，向中级人民法院提出上诉。

中级人民法院认为，第三人王某和驾驶员叶某在与上诉人家用电器配载经营部签订运输合同时，除持有本人身份证、驾驶证和浙 A×××××号车的行驶证以外，未能出具任何证明他们有权代表物流公司行使签订运输合同行为的有效证件。其行为不具备任何表见代理物流公司的构成要件。家用电器配载经营部作为专门从事托运业务的机构，对与之签订运输合同的承运人应当进行审查；特别是对以单位名义签订运输合同，但是又未持有单位授权有效证件的个人，应当具有较高的识别能力。家用电器配载经营部没有理由相信王某、叶某是物流公司的全权代表。物流公司与本案的运输合同无关，对王某、叶某在本案中的运输行为，不应当承担任何责任。因发生交通事故造成的货物损失，应当由实际的承运人王某赔偿。

问题：

如何确定本案中物流法律关系的责任主体？

第二节　物流合同基础知识

物流活动是指物流功能的实施与管理过程。由包装、装卸搬运、运输、储存、流通加工、配送、信息处理等项工作构成。上述构成也常被称之为“物流活动的基本职能”。

要使物流活动产生期望的经济效益和社会效益，就必须制定一定的规则，这个规则就是法律规定，物流活动中的当事人应当充分了解相关的法律规定，依法和依约履行自己的权利与义务。

一、物流合同的概念

《合同法》所称合同，是指平等主体的自然人、法人、其他组织之间设立、变更、终止民事权利义务关系的协议。

物流合同是指物流服务需求方与物流服务提供方（即第三方物流经营人）订立的，约定由第三方物流经营人为物流服务需求方提供一定的物流服务，而由物流服务需求方向第三方物流经营人支付服务费的合同。

二、物流合同的类型与特征

1. 物流合同的类型

指根据一定的标准可以将合同划分为不同的类型，有以下几种：

（1）有名合同与无名合同

根据合同在法律上有无名称和专门规定，可以将合同分为有名合同和无名合同。有名合同又称典型合同，是指法律明确规定其名称及规则的合同；无名合同是指法律尚未规定其名称及规则的合同。

（2）诺成合同与实践合同

根据合同的成立是否以交付标的物为必要，可以将合同分为诺成合同与实践合同。诺成合同是指双方当事人意思表示一致就可以成立的合同，例如买卖合同；实践合同是指除双方当事人意思表示一致外，还需要交付标的物才能成立的合同，例如保管合同。

（3）要式合同与非要式合同

根据法律或当事人对合同的形式是否有特殊要求可以将合同分为要式合同与非要式合同。要式合同是指法律规定或当事人约定必须采用特定形式的合同，包括依法应当采用书面、公证审批、登记等形式的合同；非要式合同是指法律规定或当事人约定不需要具备特定形式的合同。合同原则上都是非要式合同，要式合同则是法律规定的特殊情况。

（4）双务合同与单务合同

根据当事人双方权利和义务的分担方式可以将合同分为双务合同与单务合同。双务合同

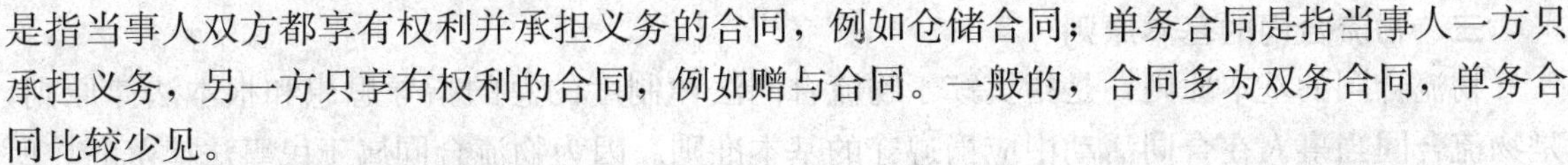

是指当事人双方都享有权利并承担义务的合同，例如仓储合同；单务合同是指当事人一方只承担义务，另一方只享有权利的合同，例如赠与合同。一般的，合同多为双务合同，单务合同比较少见。

（5）有偿合同与无偿合同

根据当事人取得权益是否需要支付相应代价可以将合同分为有偿合同与无偿合同。有偿合同是指当事人一方因享有权益而必须偿付相应代价的合同，例如运输合同；无偿合同是指当事人一方只享有权益不必偿付相应代价的合同，例如借用合同。

（6）主合同与从合同

这是根据合同相互间的主从关系而进行的分类。主合同是指不需要依附其他合同而能单独存在的合同；从合同是指以主合同的存在为前提的合同，如担保合同。

2. 物流合同的特征

物流合同是合同的种类之一，具有合同的一般特征，例如：合同当事人的法律地位平等；合同当事人意思表示真实；合同以明确权利义务关系为目的；依法成立的合同具有法律上的约束力。但由于物流活动的特殊性，使物流合同又具有自己的一些特性。

（1）物流合同主体的特定性

物流合同中的物流经营人必须是独立的第三方物流企业，专为提供物流服务收取报酬而经营的法人或其他组织。物流活动虽然由仓储、运输、加工、信息处理等流程组成，但第三方物流企业应该是一个统筹、处理上述过程的专营企业。

（2）物流合同标的的特殊性

物流合同的标的是物流经营人向物流服务需求方提供物流服务的行为。这种标的的特殊性在于相比较一般的产品而言，它是无形的，看不见，摸不着，度量它的好坏只能依据客户的满意度，而客户的满意又因各种原因表现出不同的要求，很难制定统一的规范。现实中，往往依据双方在合同中对时间、地点等具体的约定来明确物流合同的标的。

（3）物流合同行为的对等性

在物流合同中，双方当事人既都是债权人又都是债务人，既享有债权也负有债务，并且一方的义务就是对方的权利。物流服务提供者有收取物流服务费的权利，必须以为物流服务需求者设计和管理物流系统，并承担整个物流系统运营的责任为代价；相应地，物流服务需求者也必须以支付物流服务费为代价，获取享受物流服务提供者提供的物流服务的权利。

（4）物流合同方式的灵活性

物流经营人可以通过合同约定，向物流服务需求方提供运输、仓储等单一或者少数物流功能的组合服务项目；或者提供运输、仓储、配送、分销、流通加工、采购、咨询以及其他增值作业等服务；或者是物流服务需求方与物流经营人建立长期物流服务合同，形成一体化供应链物流方案，根据集成方案将所有物流运作以及管理业务全部交给物流经营人。

物流合同是无名合同，即在《合同法》中未列名，但从物流活动的本质与实践来看，应属于民事合同的范畴，受《合同法》的调整。《合同法》第 124 条规定：“本法分则或者其他法律没有明文规定的合同，适用本法总则的规定，并可以参照本法分则或者其他法律最相类似的规定。”这就为物流合同适用《合同法》提供了直接的法律依据。

三、物流合同的基本原则

物流合同的基本原则，是指贯穿于物流合同法律制度的总的指导思想和根本法律原则，是物流合同当事人在合同活动中应当遵守的基本准则。因为物流合同属于民事法律范畴，所以民法的基本原则也是它的基本原则。

1. 平等原则

平等是民事权利义务关系的本质和基础。当事人无论具有何种身份，都是独立平等的，没有高低从属之分，一方不得将自己的意志强加给另一方。这项原则要求，不仅在订立物流合同时当事人法律地位平等，而且在履行物流合同中和承担物流合同责任时的法律地位也是平等的。

2. 自愿原则

自愿原则是指物流合同当事人通过协商，自愿决定和调整相互之间的权利义务关系，任何单位和个人不得非法干预。自愿原则贯穿物流合同活动全过程：当事人可以自主决定是否与他人订立物流合同；与何人订立物流合同；物流合同内容由当事人在不违法的情况下自愿约定；当事人可以协议补充、变更有关内容；双方也可以协议解除物流合同；在发生争议时，当事人可以自愿选择解决争议的方式等。

3. 公平原则

公平原则是指当事人应当根据公平、正义的观念确定各方的权利和义务，应当在不侵害他人合法权益的基础上实现自己的利益，不得滥用自己的权利。公平原则要求当事人之间的权利与义务要对等，要公平合理，要以利益均衡作为价值判断标准来调整物流合同主体之间的关系，强调双方负担和风险的合理分配。

4. 诚实信用原则

诚实信用原则来源于市场经济活动中形成的道德规则。此原则要求当事人在订立物流合同时，必须遵循公平原则确定双方的权利和义务，不得欺诈，不得假借订立物流合同恶意进行磋商或有其他违背诚实信用的行为；在履行物流合同以及物流合同终止后，依据法律规定或物流合同约定承担给付义务和与之相联系的附随义务。

5. 不得损害社会公共利益原则

不得损害社会公共利益原则是对自愿原则的限制和补充。物流合同的订立和履行，属于物流合同当事人之间的民事权利义务关系，主要涉及当事人的利益，国家一般不干预，由当事人自主约定，采取自愿原则。但是，自愿原则也不是绝对的，当事人必须遵守法律、行政法规，尊重社会公德，不得扰乱社会经济秩序，损害社会公共利益。

四、物流合同的变更、转让和终止

1. 物流合同的变更

物流合同变更是指在物流合同成立以后，尚未履行或者尚未完全履行前，当事人依照法律规定的条件和程序，根据客观情况的变化，对物流合同的内容进行修改或者补充。物流合同的变更是对原物流合同条款做了某些修改和补充，是在当事人不变的情况下，以一个新物流合同代替原物流合同，从而使当事人的权利义务内容发生变化。法律规定，当事人对物流合同变更的内容约定不明确，难以判断物流合同内容发生变更的，推定为未变更。

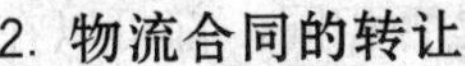

2. 物流合同的转让

物流合同转让是指当事人一方依法将物流合同的权利和义务全部或部分地转让给第三人的法律行为。物流合同的转让分为物流合同权利转让、物流合同义务转移、物流合同权利和义务概括转让三种。

（1）物流合同权利转让

物流合同权利转让是指债权人通过协议将其债权全部或部分转让给第三人的行为。债权人转让权利，不需要经过债务人同意，但是应当依法及时通知债务人。未经通知，该转让对债务人不发生效力。

（2）物流合同义务转移

物流合同义务转移是指债务人将物流合同义务的全部或部分转移给第三人。债务人转移物流合同义务的，应当征得债权人的同意。

（3）物流合同权利义务概括转让

物流合同权利义务概括转让是指当事人一方将其在物流合同中的权利和义务一并转让给第三人。当事人进行物流合同权利义务一并转让的，应当征得对方的同意，应当遵守相关法律对物流合同权利转让和物流合同义务转移的规定。

对于当事人订立物流合同后发生合并、分立的情况，法律规定，当事人订立物流合同后合并的，由合并后的法人或者其他组织行使物流合同的权利，履行物流合同的义务。当事人订立物流合同后分立的，除债权人和债务人另有约定的以外，由分立的法人或者其他组织对物流合同的权利和义务享有连带债权，承担连带债务。

3. 物流合同的终止

物流合同的终止又称为物流合同的消灭，是指由于某种原因而引起物流合同关系在客观上已不存在，物流合同债权和债务归于消灭。关于物流合同终止的原因，主要有清偿、抵消、解除、免除、提存、混同等。

（1）清偿

清偿是指债务已经按照约定履行，债权人的债权得到实现。清偿是从物流合同履行效果认定的，债务人履行债务属于清偿；第三人为满足债权人的目的而给付，也属清偿；即使依强制执行或实行担保权而获满足，也应为清偿。债务按照物流合同约定得到履行，一方面可以使物流合同债权得到满足，实现订立物流合同的目的；另一方面也使得物流合同义务归于消灭，产生物流合同权利义务终止的后果。

（2）抵消

抵消是指当事人互负到期债务，依照法律规定或者当事人约定，各自用其债权来充当债务进行清偿，从而使双方的债务在对等的额度内相互消灭。

根据抵消产生原因的不同，可以分为以下两种抵消方式。

1）法定抵消。法定抵消是指法律规定了抵消条件，当条件具备时，依照当事人一方的意思表示即可发生抵消的效力。法定抵消的条件包括：当事人互负债务、互享债权；债务的履行期限届满；债务的标的物种类、品质相同；该债务按照法律规定和物流合同性质可以抵消；

2）约定抵消。约定抵消是指当事人双方协商一致，使自己的债务与对方的债务在等额内消灭。只要当事人互负债务、互享债权，不论标的物种类、品质是否相同，都可以在协商一致后抵消，但不得违反法律规定。

(3) 解除

解除是指物流合同成立后，在没有履行或者没有完全履行之前，当事人依照法律规定或者当事人约定的条件和程序，解除物流合同确定的权利义务关系，从而使物流合同归于消灭。

1) 物流合同解除的方式。物流合同的解除分为约定解除和法定解除。约定解除是指在物流合同成立后全部履行前，当事人可以通过协议或者行使约定的解除权而进行的物流合同解除。约定解除权，当事人在订立物流合同时，可以约定物流合同解除的条件，条件出现时，当事人一方可以依约解除物流合同。

法定解除是指在物流合同成立后全部履行前，当事人一方在法律规定的解除条件出现时，行使解除权而使物流合同关系消灭。法定解除的条件包括：因不可抗力致使不能实现物流合同目的；在履行期限届满之前，当事人一方明确表示或以自己的行为表明不履行主要债务；当事人一方迟延履行主要债务，经催告后在合理期限内仍未履行；当事人一方迟延履行债务或者有其他违约行为致使不能实现物流合同目的；法律规定的其他情形。

2) 物流合同解除的程序。当事人一方主张解除物流合同的，应当通知对方，物流合同自通知到达对方时解除。对方有异议的，可以请求人民法院或者仲裁机构确认解除物流合同的效力。法律、行政法规规定解除物流合同应当办理批准、登记手续的，应按规定办理。

3) 物流合同解除的法律效力。物流合同解除后，尚未履行的终止履行；已经履行的，根据履行情况和物流合同性质，当事人可以要求恢复原状，采取其他补救措施，并有权要求赔偿损失。

(4) 免除

免除是指债权人抛弃债权而使物流合同关系归于消灭的行为。根据《合同法》的规定，债权人免除债务人部分或者全部债务的，合同的权利义务部分或者全部终止。但是，免除不能损害第三人的利益。

(5) 提存

提存是指由于债权人的原因致使债务人难以履行债务的，债务人将合同标的物交付提存机关从而终止物流合同权利义务关系的行为。

1) 提存的原因。债权人无正当理由拒绝或者迟延受领；债权人下落不明；债权人死亡未确定继承人或者丧失行为能力未确定监护人；法律规定的其他情形。

2) 提存的标的物。提存的标的物应当是物流合同规定给付的标的物，标的物不适于提存或者提存费用过高的，债务人依法可以拍卖或者变卖标的物，提存所得的价款。

3) 提存的效力。债务人依法将标的物提存后，视为债务已清偿，当事人的物流合同关系归于消灭；标的物提存后，标的物毁损、灭失的风险由债权人承担；提存费用由债权人承担。

4) 提存的目的、方式与效果。在履行运输物流合同过程中，收货人拒收货物或收货人不见踪影的情况时有发生，造成债务履行受阻，严重影响承运人的经济利益，也造成承运人的财产关系不稳定。法律创设的提存制度可以使不稳定的财产关系得到稳定，提存的目的就在于使债务归于消灭。

提存的方式是承运人向接收货物所在地的公证机关申请公证，由公证机关指定存货场所，其效果是免除承运人因继续占有货物可能带来的风险。提存与清偿发生同等消灭债权的效力。

（6）混同

混同是指由于某种客观事实的发生，使得一项物流合同中，原本由一方当事人享有的债权和另一方当事人承担的债务，同归于一人，从而导致物流合同权利义务的终止。混同发生的原因主要有双方企业（当事人）的合并、继承等。

【案例讨论】

某水果批发商王某与某物流公司于2009年7月20日签订了运输物流合同一份。双方约定：鸭梨300箱，纸箱包装，承运人运输期限3天，到达站为A车站，收货人为王某本人。2009年7月23日，物流公司配给王某棚车一辆，王某自行装车，共装鸭梨300箱，货物标明“鲜活易腐”。2009年7月24日15时，挂有该棚车的28次列车到达B车站，该车站调令此次列车在站停留。当时气温为37℃，押运人多次请求B站挂遮无果，28次列车停留至7月28日挂出。28次列车于2009年7月30日到达A车站，卸车时发现很多鸭梨纸箱外面有湿迹，经开箱检查，鸭梨有不同程度腐烂变色。当地质检部门对鸭梨腐坏原因进行鉴定，结论为：腐坏系运输时间过长，气温较高，堆的紧密，影响通风所致。王某要求承运人赔偿损失，承运方不同意，双方发生矛盾纠纷。

问题：

承运方是否对损害的发生负责？

第三节　物流合同订立与履行

一、物流合同订立的形式

物流合同的订立，是指物流服务需求方与物流服务的提供方，即第三方物流经营人，依法就物流合同的相关具体条款经过协商，最终达成一致协议的法律行为。物流合同可以有三种形式，即书面形式、口头形式和其他形式。

1. 书面形式

书面形式是指物流合同书、信件和数据电文（包括电报、电传、传真、电子数据交换和电子邮件）等可以有形地表现所载内容的形式。书面形式明确肯定，有据可查，对于防止争议和解决纠纷有积极意义。物流活动实践中，书面形式是当事人最为普遍采用的一种形式。

2. 口头形式

口头形式是指当事人双方就物流合同内容面对面或以通信设备交谈达成协议。口头形式直接、简便、迅速，但发生纠纷时难以取证，不易分清责任。所以对于不能即时清结的和较重要的物流合同不宜采用口头形式。

3. 其他形式

除了书面形式和口头形式，物流合同还可以其他形式成立。法律没有列举具体的“其他形式”，一般可以根据当事人的行为或者特定情形推定物流合同已成立。

二、物流合同订立的程序

1. 要约

要约是希望和他人订立物流合同的意思表示，是一方当事人向对方提出签订物流合同的建议和要求的法律行为。

（1）要约生效的条件

1）要约必须明确地表达订立物流合同的意思。要约人发出要约的目的在于订立物流合同，这种订约的意图一定要由要约人通过要约充分表达出来，才能在受要约人承诺的情况下产生物流合同。

2）要约的内容必须明确、肯定。要约应当包括未来物流合同的主要条款，否则受要约人难以作出承诺。

（2）要约邀请

要约邀请是希望他人向自己发出要约的意思表示。如寄送的价目表、商业广告等。要约邀请与要约是不同的概念。要约是以订立物流合同为目的的法律行为，要约一经承诺，物流合同即告成立。要约邀请的目的则是邀请他人向自己发出要约，自己如果承诺才成立物流合同。要约邀请处于物流合同的准备阶段，没有法律约束力。

（3）要约生效的时间

要约到达受要约人时生效。采用数据电文形式订立物流合同，收件人指定特定系统接收数据电文的，该数据电文进入该系统的时间，视为到达时间；未指定特定系统的，该数据电文进入收件人的任何系统的首次时间，视为到达时间。需要指出的是，要约到达受要约人，并不是指要约一定要实际送达到受要约人或者其代理人手中，要约只要送达到受要约人通常的地址、住所或者能够控制的地方即为送达。

（4）要约的撤回和撤销

1）要约撤回。要约撤回是指要约人在发出要约后，要约生效前使要约不发生法律效力的意思表示。由于要约在到达受要约人时即生效，因此撤回要约的通知应当在要约到达受要约人之前或者与要约同时到达受要约人。法律规定要约可以撤回，原因在于这时要约尚未发生法律效力，撤回要约不会对受要约人产生任何影响，也不会对交易秩序产生不良影响。

2）要约撤销。要约撤销是指要约人在要约生效后，受要约人承诺前使要约失去法律效力的意思表示。由于撤销要约可能会给受要约人带来不利的影响，损害受要约人的利益，因此法律规定，撤销要约的通知应当在受要约人发出承诺通知之前到达受要约人。具有以下情形时，要约不得撤销：要约人确定了承诺期限或者以其他形式明示要约不可撤销；受要约人有理由认为要约是不可撤销的，并已经为履行物流合同做了准备工作。

（5）要约的失效

要约失效是指要约丧失法律效力，即要约人不再受其约束，受要约人也终止承诺的权利。要约失效的情形主要有：拒绝要约的通知到达要约人；要约人依法撤销要约；承诺期限届满，受要约人未做出承诺；受要约人对要约的内容做出实质性变更。

2. 承诺

承诺是受要约人同意要约的意思表示。承诺生效时物流合同成立。

（1）承诺生效的条件

1）必须由受要约人或其代理人作出。受要约人是要约人选择的订约对象，要约到达受要约人之后，受要约人便取得了承诺的权利，只有受要约人或其授权的代理人才有权作出承诺，任何第三人无此权利。

2）承诺的内容应当和要约的内容一致。承诺的内容应当和要约的内容一致，是指不能对要约的内容进行实质性的修改。承诺与要约的内容不一致，就称为反要约，相当于受要约人向要约人发出的一项新要约。《合同法》对受要约人改变要约内容的不同情况，分别规定了以下不同的法律后果。

①受要约人对要约的内容作出实质性变更的，为新要约。有关物流合同标的、数量、质量、价款或者报酬、履行期限、履行地点和方式、违约责任和解决争议方法等的变更，是对要约内容的实质性变更。

②承诺对要约的内容作出非实质性变更的，除要约人及时表示反对或者要约表明承诺不得对要约的内容作出任何变更的以外，该承诺有效。合同的内容以承诺的内容为准。

3）必须在规定的期限内作出。如果承诺超过要约的有效期则为“迟到的承诺”。“迟到的承诺”不是有效的承诺，而是一项新的要约，须经原要约人承诺后，物流合同才能成立。但是如果“迟到的承诺”是由于受要约人之外的原因造成的，则应另当别论。《合同法》对“迟到的承诺”的不同情形规定了以下不同的法律后果。

①受要约人超过承诺期限发出承诺的，除要约人及时通知受要约人该承诺有效的以外，为新要约。

②受要约人在承诺期限内发出承诺，按照通常情形能够及时到达要约人，但因其他原因承诺到达要约人时超过承诺期限的，除要约人及时通知受要约人因承诺超过期限不接受该承诺的以外，该承诺有效。

（2）承诺的方式

承诺方式是指受要约人将其承诺的意思表示传达给要约人所采用的方式。依照《合同法》的规定，承诺可以分为以下两种方式。

1）明示方式。明示方式是指当事人既可以用书面形式也可以用口头方式将接受要约的意思表示通知要约人。

2）默示方式。默示方式是指当事人通过实施一定的行为表示承诺，包括受要约人根据交易习惯作出履行行为和要约表明可以通过行为作出承诺两种情形。

（3）承诺的期限

承诺应当在要约确定的期限内到达要约人。要约没有确定承诺期限的，承诺应当依照下列规定到达。

1）要约以对话方式作出的，应当即时作出承诺，但当事人另有约定的除外。

2）要约以非对话方式作出的，承诺应当在合理期限内到达。

承诺期限的计算，如果要约是以信件或者电报作出的，承诺期限自信件载明的日期或者电报交发之日开始计算；信件未载明日期的，自投寄该信件的邮戳日期开始计算；要约以电话、传真等快速通信方式作出的，承诺期限自要约到达受要约人时开始计算。

（4）承诺生效的时间

承诺通知到达要约人时生效。承诺不需要通知的，根据交易习惯或者要约的要求作出承诺的行为时生效。采用数据电文形式订立物流合同的，承诺到达的时间同上述要约到达的时间相同。

(5) 承诺的撤回

承诺的撤回是指承诺人阻止承诺发生法律效力的行为。承诺可以撤回，撤回承诺的通知应当在承诺通知到达要约人之前或者与承诺通知同时到达要约人。

三、物流合同成立的时间和地点

1. 物流合同成立的时间

承诺生效时物流合同即告成立，当事人开始享有物流合同权利，承担物流合同义务。一般来说，物流合同谈判成立的过程，就是要约、新要约、再新要约直到承诺的过程。

(1) 口头订立的物流合同，自口头承诺时生效。

(2) 当事人采用物流合同书形式订立物流合同的，自双方当事人签字或者盖章时物流合同成立。

(3) 当事人采用信件、数据电文等形式订立物流合同的，可以在物流合同成立之前要求签订确认书，签订确认书时物流合同成立。

(4) 法律、行政法规规定或者当事人约定必须采用书面形式而未采用，一方当事人履行了主要义务而对方接受的，物流合同成立。

(5) 采用书面形式订立物流合同，在签字或者盖章之前，一方当事人履行了主要义务而对方接受的，物流合同成立。

2. 物流合同成立的地点

物流合同成立的地点是发生物流合同纠纷后确定管辖法院的依据，在国际贸易中还可以作为确定适用法律的依据，因此具有十分重要的意义。承诺生效的地点为物流合同成立的地点。

(1) 口头订立的物流合同以口头承诺地点为物流合同生效地点，根据贸易习惯或要约人要求作出承诺行为的地点为物流合同成立地点。

(2) 采用物流合同书形式订立物流合同的，双方当事人签字或者盖章的地点为物流合同成立的地点。

(3) 采用数据电文形式订立物流合同的，收件人的主营业地为物流合同成立的地点；没有主营业地的，其经常居住地为物流合同成立的地点。

(4) 当事人另有约定的，按照其约定。

四、物流合同的内容

物流合同的内容，是指物流合同中经物流服务需求方与第三方物流经营人协商一致，规定双方当事人权利和义务的具体条款。物流合同的条款分为一般条款和格式条款。

1. 物流合同的一般条款

物流合同的一般条款包括以下内容：

(1) 当事人的名称和住所。

(2) 物流服务的范围和内容。物流经营人提供的物流服务可以是承接物流信息管理系统开发与信息管理、数据交换网络功能开发与维护、物流业务管理、货物运输服务或综合物流业务等。

（3）合作方式和期限。物流经营人以何种运营模式向物流服务需求方提供服务，是仅提供单一或者少数物流功能的组合服务项目，还是提供长期或全面的物流服务。

（4）双方的具体权利和义务。物流合同中应当明确，物流经营人提供物流服务并收取费用，而物流服务需求方交付费用并享受对方提供的物流服务。

（5）服务所应达到的指标。物流服务具有很强的技术性，当事人在物流合同中应当详细规定技术指标、具体物流运作标准、对物流服务的特殊要求等。

（6）实物交接和费用的结算、支付。物流活动分为很多环节，物流合同应尽量具体地规定每个环节的实物交付和费用支付方式。

（7）违约的处理。物流过程是一个长期的、合作的过程，物流合同必须对此加以体现，对物流环节出现纰漏时或由于一方的过错导致物流中断时，在物流合同中需要约定解决办法、费用及责任的承担方式。

（8）争议的解决方法。在物流合同中，当事人可以约定通过仲裁或者诉讼的方式解决纠纷。实际中，服务范围和内容、当事人的合作方式、服务所应达到的指标等是双方容易发生纠纷的条款，当事人签订物流合同时应当注意尽量完善这些条款。

2. 格式条款

格式条款是指一方当事人为了重复使用而预先拟定，并在订立合同时未与对方协商的条款。合同的条款如果全部都是格式条款，这样的合同就称为格式合同。

格式合同是社会经济发展的产物，它存在于许多领域，例如保险、电信、邮政、运输等。格式条款所产生的影响和效果是两方面的。积极的方面主要表现为：便捷快速，减少交易成本，提高交易效率；利于事先分配合同风险，避免纷争。不利的方面主要表现为：因格式条款由一方提供，通常利用其优越的经济地位，拟定有利于自己的条款，相对人为了生产或生活的需要又不得不屈从于该条款，这就可能使公平原则、合同自愿原则、当事人地位平等原则受到损害。因此，《合同法》对格式条款作了相应的限制。

（1）提供格式条款一方的义务

1）应按公平原则确定双方之间的权利义务。格式条款的消极方面在实践中突出地表现为制订不公平的合同条款。

2）提请对方注意免除或限制提供方责任的条款，并按对方要求予以说明。

（2）格式条款无效的情形

1）内容违反法律法规强制性规定的格式条款无效。

2）显失公平的格式条款无效。

3）提供格式条款一方免除其责任，加重对方责任，排除对方主要权利的格式条款无效。

（3）格式条款的解释规则

1）对格式条款的理解发生争议时，应按通常理解予以解释。

2）对格式条款有两种以上解释的，应作出不利于提供一方的解释。

3）格式条款与非格式条款不一致时，应当采用非格式条款。

在物流实践中，物流经营人通过格式物流合同约定双方的权利与义务时，应当遵循《合同法》的上述规定。如果物流合同文本由物流经营人提出，物流服务需求方对可以免除责任的条款应当研究透彻，切忌盲目接受对方的免责条款，以达到风险由双方合理分配的目的。

五、物流合同的效力

物流合同的效力是指物流合同所具有的法律约束力。这种约束力体现在当事人必须全面正确地履行物流合同，任何一方不得擅自变更或解除物流合同；任何一方违反物流合同，必须承担法律责任。

1. 无效物流合同

（1）无效物流合同的概念

无效物流合同是指已经订立，因违反法律规定的生效条件而不发生法律效力，国家不予承认和保护的物流合同。

（2）无效物流合同的种类

1）一方以欺诈、胁迫手段订立的损害国家利益的物流合同。欺诈是指一方当事人故意告知对方虚假情况，或者故意隐瞒真实情况，诱使对方当事人作出错误意思表示而与之订立合同。胁迫是指以将来要发生的损害或者以直接施加损害相威胁，使对方当事人产生恐惧而与之订立合同。

2）恶意串通，损害国家、集体或第三人利益的物流合同。恶意串通是指物流合同的双方当事人非法勾结，为牟取私利而共同订立损害国家、集体或者第三人利益的物流合同。

3）以合法形式掩盖非法目的的物流合同。以合法形式掩盖非法目的，是指当事人为达到非法目的，通过实施合法的行为，以迂回的方式避开法律的强制性规定。当事人在形式上所达成的协议，并非其真正的意思，而非法目的才是其追求的真正目标，合法形式是掩盖非法目的的一种手段。

4）损害社会公共利益的物流合同。社会公共利益是涉及全社会的共同利益，表现为某一社会应有的道德准则。损害社会公共利益的物流合同涉及的范围很广，包括危害国家公共秩序的物流合同、违反公平竞争的物流合同等。

5）违反法律、行政法规强制性规定的物流合同。法律规范大体可以分为任意性规范和强制性规范，只有在违反法律强制性规范的情况下，才能导致物流合同无效。

（3）物流合同被确认无效的后果

1）物流合同被确认无效的效力

①物流合同自始无效。物流合同被确认无效以后，导致物流合同自成立时起就是无效的，就对当事人不具有法律约束力。

②物流合同部分无效不影响其他部分的效力。在内容可分的物流合同中，如果被确认无效只涉及物流合同部分内容，不影响其他部分效力的，物流合同其他部分内容仍然有效。

③争议解决条款具有相对独立性。争议解决条款是指当事人约定解决物流合同争议的方法及适用法律的条款，其效力不受物流合同无效的影响，具有相对独立性。

2）物流合同被确认无效的法律后果

①返还财产。物流合同被确认无效后，一方当事人应当将因该物流合同而从对方得到的财产归还给对方。返还财产以恢复原状为原则，应当尽量返还原物。如果财产不能返还，应当折价补偿。

②赔偿损失。物流合同被确认无效后，有过错的当事人应当赔偿对方因此所受到的损

失，如果双方都有过错的，应当各自承担相应的责任。

③收归国家所有或返还集体、第三人。对于当事人恶意串通损害国家、集体或第三人利益的，当事人一方或双方取得的财产应当收归国家所有或返还集体、第三人。

2. 有效物流合同

根据相关法律规定，一般物流合同生效的要件如下：

(1) 行为人具有相应的民事行为能力

物流合同都是以当事人的意思表示为基础，行为人必须具备正确理解自己的行为性质和后果的能力，具备独立地表达自己意思的能力，即具备与订立某项物流合同相应的民事行为能力。

(2) 意思表示真实

物流合同是当事人之间的合意，这种合意能否依法产生法律约束力，取决于当事人的意思表示是否同其真实意思相符合。

(3) 不违反法律和社会公共利益

任何有订约能力的人，都可以按照自己的意愿自由地订立物流合同，但是法律同时规定当事人订立的物流合同必须合法，必须符合善良风俗与公共秩序。

(4) 物流合同形式必须合法

当事人可以依法选择订立物流合同的方式，但是如果法律对物流合同的形式作了特殊规定，当事人必须遵守法律规定。

六、物流合同的履行

物流合同的履行是指在物流合同生效的基础上，按照物流合同规定的各项条款，双方当事人完成各自承担的义务和实现各自享有的权利，使双方当事人的物流合同目的得以实现的行为。

(1) 物流合同履行的原则

1) 全面履行原则。全面履行原则又称适当履行原则或正确履行原则，是指当事人应当按照物流合同的约定全面履行自己的义务。

2) 协作履行原则。协作履行原则是指当事人在履行物流合同的过程中，应当诚实守信，密切配合，促进物流合同的顺利履行。

(2) 物流合同履行的主要规定

1) 部分条款不明确时物流合同的履行。物流合同生效后，当事人就质量、报酬、履行地点等内容没有约定或者约定不明确的，可以协议补充；不能达成补充协议的，按照物流合同有关条款或者交易习惯确定。当事人就有关物流合同内容约定不明确，依照上述规定仍不能确定的，适用下列规定。

①质量要求不明确的，按照国家标准、行业标准履行；没有国家标准、行业标准的，按照通常标准或者符合物流合同目的的特定标准履行。

②报酬不明确的，按照订立物流合同时履行地的市场价格履行；依法应当执行政府定价或者政府指导价的，按照规定履行。

③履行地点不明确，给付货币的，在接受货币一方所在地履行；交付不动产的，在不动产所在地履行；其他标的，在履行义务一方所在地履行。

④履行期限不明确的，债务人可以随时履行，债权人也可以随时要求履行，但应当给对方必要的准备时间。

⑤履行方式不明确的，按照有利于实现物流合同目的的方式履行。

⑥履行费用的负担不明确的，由履行义务一方负担。

2）价格调整时物流合同的履行。执行政府定价或者政府指导价的，在物流合同约定的交付期限内政府价格调整的，按照交付时的价格计价。逾期交付标的物的，遇价格上涨时，按照原价格执行；价格下降时，按照新价格执行。逾期提取标的物或者逾期付款的，遇价格上涨时，按照新价格执行；价格下降时，按照原价格执行。

（3）提前履行和部分履行

债权人可以拒绝债务人提前履行债务或部分履行债务，但提前履行或部分履行不损害债权人利益的除外。债务人提前履行或部分履行给债权人增加的费用，由债务人负担。

（4）涉及第三人的物流合同履行

1）向第三人履行债务。当事人约定由债务人向第三人履行债务的，而债务人未向第三人履行债务或者履行债务不符合约定，应当向债权人承担违约责任。

2）第三人代为履行。当事人约定由第三人向债权人履行债务的，而第三人不履行债务或者履行债务不符合约定，债务人应当向债权人承担违约责任。

七、物流合同的担保方式以及违约责任的承担

1. 物流合同担保的概念

物流合同的担保是指依照法律规定，或由当事人双方经过协商一致而约定的，为保障物流合同债权实现的法律措施。物流合同订立后，一方当事人不履行物流合同或不适当履行物流合同，就会给对方造成损失，使对方所期望的经济利益无法实现。为了保证物流合同的切实履行，既保障物流合同债权人实现其债权，也促使物流合同债务人履行其债务，可以采取担保的措施。根据《中华人民共和国担保法》（以下简称《担保法》）的规定，债权人需要以担保方式保障其债权实现的，可以设定保证、抵押、质押、留置和定金五种方式的担保。

2. 物流合同担保的主要方式

（1）保证

保证是指第三人为债务人的债务履行作担保，由保证人和债权人约定，当债务人不履行债务时，保证人按照约定履行债务或者承担责任的行为。保证方式有一般保证和连带责任保证两种。

1）一般保证。是指当事人在保证合同中约定，在债务人不能履行债务时，由保证人承担保证责任。一般保证的保证人在主合同纠纷经审判或者仲裁后，并就债务人财产依法强制执行仍不能履行债务，保证人对债权人必须承担保证责任。

2）连带责任保证。是指当事人在保证合同中约定，保证人与债务人对债务承担连带责任。债务人在主合同规定的债务履行期届满没有履行债务的，债权人可以要求债务人履行债务，也可以要求保证人在其保证范围内承担保证责任。当事人对保证方式没有约定或者约定不明确的，按照连带责任保证承担保证责任。

（2）抵押

抵押是指债务人或者第三人以其特定财产在不转移占有的前提下，将该财产作为对债权

的担保。当债务人不履行债务时，债权人有权依法以该财产折价或者以拍卖、变卖该财产的价款优先受偿。

抵押人只能以法律规定可以抵押的财产提供担保；法律规定不可以抵押的财产，抵押人不得用于提供担保。

(3) 质押

质押是指债务人或第三人将其特定财产移交债权人占有，作为债权的担保。债务人不履行债务时，债权人有权依法将其特定财产折价或以拍卖、变卖的价款优先受偿。质押的形式包括动产质押和权利质押。动产质押是指债务人或第三人将其动产移交债权人占有，将该动产作为债权的担保。原则上，除不动产及法律禁止流通的动产外，其他一切动产都可设定质押。权利质押的标的为具有财产内容并可以转让的权利，包括：汇票、支票、本票、债券，存款单、仓单、提单，依法可以转让的股份、股票，依法可以转让的商标专用权、专利权、著作权中的财产权，依法可以质押的其他权利。质押合同自质物移交质权人占有之日起生效；以汇票、支票、本票、债券、存款单、仓单、提单出质的，质押合同自权利凭证交付之日起生效；以依法可以转让的股票、股份、知识产权出质的，应该向有关管理部门办理出质登记，质押合同自登记之日起生效。

(4) 留置

留置是指债权人按照合同约定占有债务人的动产，债务人不按照合同约定的期限履行债务的，债权人有权依照法律规定留置该财产，以该财产折价或以拍卖、变卖该财产的价款优先受偿。根据《担保法》的规定，因保管合同、运输物流合同、加工承揽合同发生的债权，债务人不履行债务的，债权人有留置权。

留置权人负有妥善保管留置物的义务。因保管不善致使留置物灭失或者毁损的，留置权人应当承担民事责任。

债权人与债务人应当在合同中约定，债权人留置财产后，债务人应当在不少于两个月的期限内履行债务。没有约定的，债权人留置财产后，应当确定两个月以上的期限，通知债务人在该期限内履行债务。

债务人逾期仍不履行的，债权人可以与债务人协议以留置物折价，也可以依法拍卖、变卖留置物。留置物折价或者拍卖、变卖后，其价款超过债权数额的部分归债务人所有，不足部分由债务人清偿。

(5) 定金

定金是指当事人一方为了担保合同的履行而预先向对方支付一定数额的金钱。定金合同以实际交付定金之日起生效。债务人履行债务后，定金应当抵作价款或者收回。给付定金的一方不履行约定的债务的，无权要求返还定金；收受定金的一方不履行约定的债务的，应当双倍返还定金。

3. 物流合同违约责任的承担

物流合同依法成立后，对双方当事人具有法律约束力，当事人必须按照物流合同规定全面、适当地履行义务，非经双方协商或者法定事由不得擅自变更或解除物流合同，否则构成违约，并应对违约行为承担相应的法律责任。

(1) 违约形式

违约是指合同一方当事人不履行合同义务或没有完全履行合同义务的行为。物流合同的违约形式包括以下两种。

1）实际违约。实际违约是指物流合同履行期届满时当事人不履行物流合同义务或不适当履行物流合同义务的行为。

2）预期违约。预期违约是指物流合同成立生效后履行期到来之前，当事人一方明确表示或以自己的行为表明不履行物流合同义务的行为。

（2）违约责任

违约责任又称违反合同的民事责任，是指合同当事人不履行物流合同义务或者履行物流合同义务不符合约定时，依照法律规定或者物流合同约定所应承担的法律责任。违约责任具有以下一些法律特征。

1）违约责任的成立必须以合法有效的物流合同为前提。

2）违约责任的产生必须有违约事实的存在。

3）违约责任可以由当事人在法律允许的范围内约定。

4）违约责任的目的在于补偿因违约行为造成的损害后果。

违约责任制度在物流实践中具有非常重要的地位和作用。一方面它可以促使物流合同当事人双方自觉地履行物流合同义务，起到避免和减少违约行为发生的预防作用，另一方面，在发生违约时，通过追究违约方的责任，使守约方的损失得到补偿，从而保护物流合同当事人的合法权利，维护社会经济秩序。

（3）承担违约责任的方式

当事人一方明确表示或者以自己的行为表明不履行合同义务的，对方当事人可以在履行期限届满之前要求其承担违约责任。当事人一方不履行物流合同义务或者履行合同义务不符合约定的，应当承担继续履行、采取补救措施、赔偿损失、支付违约金、定金制裁等责任。《合同法》赋予当事人可以根据合同履行的不同情况，选择不同的违约救济措施。

1）继续履行。继续履行又称实际履行，是指当事人一方不履行物流合同义务或者履行物流合同义务不符合约定时另一方当事人可以要求其在物流合同履行期届满后，继续按照原物流合同的约定履行义务。在可以履行的条件下，违反物流合同的当事人无论是否已经承担赔偿金或者违约金责任，对方当事人都有权要求违约方继续按照物流合同约定履行其尚未履行的义务。

2）采取补救措施。采取补救措施是指当事人一方履行物流合同义务不符合约定后，对违约情形进行补救的一种行为。

3）赔偿损失。赔偿损失是指因物流合同一方当事人的违约行为而给对方当事人造成财产损失时，违约一方给予对方的经济补偿。当事人违约，在继续履行义务或者采取补救措施后，对方还有其他损失的，应当赔偿损失。赔偿损失要遵循两个原则：

①合理预见原则。合理预见原则是指，损失赔偿额不得超过违反物流合同一方订立物流合同时能够预见到或者应当预见到的因违反物流合同可能造成的损失。

②完全赔偿原则。赔偿损失的目的主要是补偿未违约方的财产损失，因此以实际发生的损害为赔偿标的。完全赔偿原则是指，损失赔偿额应当相当于因违约所造成的损失，包括实际损失和合同履行后可以获得的利益损失。

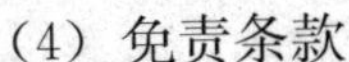

(4) 免责条款

1) 免责条款的概念。免责条款是指当事人在物流合同中约定的排除或限制其未来民事责任的物流合同条款。免责条款具有以下法律性质。

①免责条款已被列入物流合同中，成为物流合同的组成部分。

②免责条款以排除或限制当事人未来民事责任为目的。

③免责条款多数属于格式条款。

2) 对免责条款的规定

①免责条款的制订应遵守物流合同订立的规则。免责条款的订立，原则上应是双方自愿协商一致的结果，也要经过要约和承诺两个阶段。并且，免责条款的提出必须是明示，不允许以默示方式作出。在实践中，有一些发生争议的免责条款，甚至尚未订入物流合同之中。另外，法律也允许免责条款由一方当事人事先拟定，但这类免责的格式条款，应遵守法律对格式条款的规定。

②确认免责条款无效的情形。物流合同中的下述免责条款无效：一是造成对方人身伤害的；二是因故意或者重大过失造成对方财产损失的。

【案例讨论】

2009 年 6 月 5 日，某单位将所购买的一批有问题的计算机委托该市某物流公司运回厂方调换。该单位经办人在物流公司经办人提供的一份空白运单的发件人签名处签了姓名。该运单正面发件人签名处上方注有“您的签名意味着您已阅读并接受背面的契约条款”。而该运单背面契约条款第 4 条规定：“遗失、损坏、延误和被盗未限额赔偿责任的快件，赔偿最高金额为 200 元人民币。凡申报价值超过 200 元人民币的快件，本公司将在原收费标准的基础上，按申报价值增收 5%的保价费，并以实际收费时认定申报价值的实际损失酌情予以赔偿，但最高不超过其保价额。”该单位经办人在签订运单时并未申报托运物品的价值，亦未交纳保价费。其后，该批货物在运输中遗失，双方当事人为赔偿问题未能达成协议，该单位遂诉至人民法院。

法院经审理认为，承运人有责任将托运人交其托运的物品安全运输到指定的地点，由于承运人工作失误，造成托运人经济损失的，应承担相应的赔偿责任。

问题：

如何认定此格式条款的效力？

思考与练习

一、单项选择题

1. 以下关于“物流法”的说法正确的是（ ）。

   A. “物流法”是一个独立的法律部门

   B. “物流法”是一部法律的名称

   C. “物流法”在当前还只是一个基本的行业法律规范集合

   D. “物流法”是国家管理物流的法律

2. 物流法律制度作为调整物流活动、规范物流市场的法律规范，必然涉及从事物流活动的专业用语、技术标准、设备标准以及操作规程等，因而具有（　　）特点。

A. 综合性　　B. 广泛性　　C. 多样性　　D. 技术性

3. 根据“遵守先例”的原则，上级法院（或同级法院先前的）的判决作为先例，对下级法院（或同级法院）具有约束力，起着法律的作用指的是（　　）。

A. 判例　　B. 案例　　C. 判决书　　D. 法律

4. 最高国家行政机关即国务院根据宪法和法律制定的一种规范性文件叫（　　）。

A. 法律　　B. 行政法规　　C. 行政规章　　D. 政府规章

5. 权利和义务所共同指向的对象是指法律关系的（　　）。

A. 主体　　B. 客体　　C. 内容　　D. 事实

二、多项选择题

1. 物流法律制度的特征有（　　）。

A. 综合性　　B. 广泛性　　C. 多样性　　D. 技术性

E. 国际性

2.（　　）是物流法律制度的渊源。

A. 法律　　B. 行政法规　　C. 政府规章　　D. 国际条约

E. 判决书

3. 物流法律关系的要素有（　　）。

A. 主体　　B. 客体　　C. 内容　　D. 事实

E. 行为

4.（　　）是调整物流行为的法律规范。

A.《公司法》　　B.《中外合资经营企业法实施细则》

C.《海商法》　　D.《水运危险货物运输规则》

E.《海事诉讼特别程序法》

5. 以下关于物流法律制度的说法正确的是（　　）。

A. 物流法律制度是指调整在物流活动中产生的并与物流活动有关的社会关系的法律规范的总和

B. 物流法律制度最基本或最直接的调整对象是在物流企业之间以及物流企业与其服务对象之间因物流活动而引起的各种横向经济关系

C. 只有法人或其他组织才能成为物流法律关系的主体，个人不能成为物流法律关系的主体

D. 我国现行调整物流的法律法规涉及采购、运输、仓储、包装、配送、搬运、流通加工和信息等各个方面，有法律、法规、规章等不同层次

E. 物流法律的体系化，就是要制定一部《物流法》

三、名词解释

物流法律制度　国际条约　国际惯例　物流法律关系　物流法律关系的发生　物流法律关系的变更　物流法律关系的终止　物流主体法律制度　物流相关客体法律制度

四、问答题

1. 简述物流法律制度的概念和特征。

2. 试述物流法律制度的调整对象。
3. 简述物流法律制度的渊源。
4. 试述物流法律关系的三个要素。
5. 简述我国现行物流立法存在的问题。
6. 请列举我国当前调整物流活动环节的法律规范名称。

第二章

物流采购法律法规

第一节　买卖合同订立

一、买卖合同概念

买卖合同是出卖人转移买卖标的的所有权于买受人，买受人支付货款的合同。买卖关系的主体是出卖人和买受人。转移买卖标的物的一方为出卖人，也就是卖方；受领买卖标的，支付价金的一方是买受人，也就是买方。

二、买卖合同内容

买卖合同的内容由当事人约定，一般包括以下条款：当事人的名称或者姓名和住所；标的；数量；质量；价款或者报酬；履行期限、地点和方式；违约责任；解决争议的方法。还可以包括包装方式、检验标准和方法、结算方式、合同使用的文字及其效力等条款。

标的物的包装有两种含义：一种是指盛标的物的容器，通常称为包装用品或者包装物；另一种是指包装标的物的操作过程。因此，包装方式既可以指包装物的材料，又可以指包装的操作方式。包装又分为运输包装和销售包装两类。运输包装在我国一般有国家标准或者行业标准。

标的物的检验是指买受人收到出卖人交付的标的物时，对其等级、质量、重量、包装、规格等情况的查验、测试或鉴定。

合同的结算是当事人之间因履行合同发生款项往来而进行的清算和了结。主要有两种方式：一是现金结算；一是转账结算。目前我国法人之间款项往来的结算，按照国家现金管理的规定，必须是通过银行转账结算。至于现金结算，无论是法人之间的现金结算，或者是法人与个体工商户、农村承包经营户之间的合同，只能是在符合国家现金管理的有关规定的限额内才能使用。随着我国经济体制改革的深化，合同的结算方式也有所增多，合同当事人可以本着自愿的原则，根据实际情况加以选择。

三、买卖合同的法律特征

1. 买卖合同是有名合同

买卖合同是合同法分则中明确规定的合同，因而属于有名合同。

2. 买卖合同是卖方转移财产所有权，买方支付价款的合同

买卖合同是卖方转移财产所有权的合同。卖方不仅要将标的物交付给买方，而且要将标

的物的所有权转移给买方。转移所有权，这使买卖合同与一方也要交付标的物的其他合同，如租赁合同、借用合同、保管合同等区分开来。其次，买卖合同是买方应支付价款的合同，并且价款是取得标的物所有权的对价。这又使买卖合同与其他转移财产所有权的合同，如互易合同、赠与合同区别开来。

3. 买卖合同是双务合同

出卖人与买受人互为给付，双方都享有一定的权利，又都负有相应的义务。卖方负有交付标的物并转移其所有权于买方的义务，买方也同时负有向卖方支付价款的义务。一方的义务也正是对方的权利。因此，买卖合同是一种典型的双务合同。

4. 买卖合同是有偿合同

出卖人与买受人有对价关系，卖方取得价款是以转移标的物的所有权为代价的，买方取得标的物的所有权是以给付价款为代价的。买卖合同的任何一方从对方取得物质利益，都须向对方付出相应的物质利益。因此，买卖合同是典型的有偿合同。

5. 买卖合同多是诺成合同

一般当事人就买卖达成合意，买卖合同即成立，而不以标的物或者价款的现实交付为成立的要件。这在有的国家的法律中是明确规定的，如《法国民法典》规定，当事人就标的物及其价金相互同意时，即使标的物尚未交付、价金尚未支付，买卖即告成立。但是，买卖合同当事人也可以在合同中作出这样的约定，标的物或者价款交付时，买卖合同始为成立。此时的买卖合同即为实践合同或者称要物合同。

6. 买卖合同为要式或者不要式合同

从法律对合同形式的要求区分，既有要式合同，又有不要式合同，如房屋买卖需采用书面形式，是要式合同；即时清结买卖为不要式合同，法律对合同的形式一般不作要求。

四、买卖合同的构成要素

买卖的构成，需有人、标的、行为三个要素。人的要素指出卖人和买受人。标的的要素指买卖标的物和价金。价金是与买卖标的物对价给付的金钱，价金的给付通常用支付一词。行为要素指转移买卖标的物和支付价金。出卖人应将买卖标的物转移给买受人，买受人向出卖人支付价金。买受人支付价金只能是金钱，不能是货物和其他给付。给付金钱之外的物，为互易合同；以劳务为对价给付，为雇用、承揽、委托等合同，而不是买卖。

五、买卖合同的种类

买卖合同除可按合同一般标准分类外，依其特点，还可有多种分类。

1. 一般买卖和特种买卖

按照买卖有无特殊的方式，可分为一般买卖和特种买卖。试验买卖、分期付款买卖、凭样品买卖、买回买卖、拍卖、标卖等有特殊方式的买卖为特种买卖，除此之外无特殊方式的买卖为一般买卖。

2. 特定物买卖与种类物买卖

按照买卖标的物是特定物还是种类物，可分为特定物买卖和种类物买卖。买卖标的物是特定物的，为特定物买卖；买卖标的物是种类物的，为种类物买卖。种类物买卖有瑕疵的，可以更换种类物。

3. **批发买卖与零售买卖**

按照销售的数量可分为批发买卖和零售买卖。批发买卖简称批发，指批量销售。批发可以是批发商将货物销售给另一批发商或者零售商，也可以是批发商或者零售商将货物批量销售给个人或者单位。零售买卖简称零售，指零散销售，是零售商将货物单个、少量销售给个人或者单位。

4. **即时买卖和非即时买卖**

按照买卖能否即时清结，可分为即时买卖和非即时买卖。即时买卖指当事人在买卖合同成立时即将买卖标的物与价金对交，即时清结。非即时买卖指当事人在买卖合同成立时非即时清结，待日后履行。

非即时买卖又有预约买卖、赊欠买卖等多种划分。预约买卖指买卖成立时买受人先支付预付款，出卖人日后交付货物的买卖。这种买卖从出卖人角度称预售，从买受人角度称订购。预约买卖同买卖预约不同。预约买卖的买卖关系业已成立，而买卖预约仅是一种预约，买卖合同并未成立，买受人没有支付价金。赊欠买卖指买卖成立时出卖人先交付买卖标的物，买受人日后一次支付价金的买卖。赊欠买卖从出卖人角度称赊售，从买受人角度称赊购。

5. **一时买卖与连续交易买卖**

根据当事人双方的买卖是否以一次完结为标准，可分为一时买卖与连续交易买卖。

一时买卖是指当事人双方仅进行一次交易即结束双方之间的买卖关系的买卖，即使双方之间有多次交易，但每次交易都是单独的，无连续性。

连续交易的买卖是指当事人双方于一定的期限内，卖方定期或者不定期地供给买方某种物品，买方按照一定标准支付价款的买卖，双方之间的每次交易都是有关联的。

6. **自由买卖与竞价买卖**

按照是否采用竞争的方法进行买卖，可分为自由买卖和竞价买卖。未采用竞争方法买卖的，为自由买卖。采用竞争方法买卖的，为竞价买卖，如拍卖。

六、买卖合同的适用范围

买卖的标的不只限于货物的所有权，还包括其他的财产权利。但是，狭义观点认为，以权利为标的物的合同（如专利权转让合同）和以无体物为标的物的合同（如供电合同）不属于买卖合同的范围。广义观点认为，买卖合同的标的物应当既有财物，也有法律允许转让的权利，如知识产权。

一般认为，权利交易、无体物的交易以及不动产的交易中，专门法律对有偿合同有规定的，适用其规定，没有规定的，可以适用合同法总则的规定，参照买卖合同的有关规定执行。

七、买卖合同的签订

1. **标的物**

出卖的标的物，应当属于出卖人所有或者出卖人有权处分。法律、行政法规禁止或者限制转让的标的物，依照其规定。

标的是指法律行为所要达到的目的。包括交付财产、提供劳务、完成工作等。有时指物，在买卖合同中买或者卖的某物就是标的，在这种情况下，标的就可以称为标的物。买卖合同的标的物附着所有权，所以标的物的买卖即是所有权买卖。

买卖标的可以是现实存在的物，也可以是将来产生的物，货物可以包括尚未出生的动物幼仔、生长中的农作物。

法律禁止流通的物不得作为买卖标的物，如毒品；法律限制流通的物，只能在限定的领域流通，如枪支的买卖。国家对枪支的买卖实行特别许可制度，未经许可，任何单位和个人不得买卖枪支。

出卖具有知识产权的计算机软件等标的物的，除法律另有规定或者当事人另有约定的以外，该标的物的知识产权不属于买受人。

当事人可以在买卖合同中约定买受人未履行支付价款或者其他义务的，标的物的所有权属于出卖人。这是买卖合同中的所有权保留条款，这样就可以免去在出卖人已交付标的物而买受人不履行其主要义务时，因所有权已转移可能给自己造成的损害。

2. 发价

国际货物买卖中，要约经常称为发价，承诺被称为接受。《联合国国际货物买卖合同公约》（以下简称《公约》）对此有专门的规定。

（1）发价的概念

向一个或一个以上特定的人提出的订立合同的建议，如果十分确定并且表明发价人在得到接受时承受约束的意旨，即构成发价。一个建议如果写明货物并且明示或暗示地规定数量和价格或规定如何确定数量和价格，即为十分确定。

（2）发价的生效时间

发价于送达被发价人时生效。送达是指用口头通知对方或通过任何其他方法送交对方本人，或其营业地或通讯地址，如无营业地或通讯地址，则送交对方居住地。

（3）发价的撤回与撤销

发价的撤回是指发价人发出发价后，在发价生效前，将该发价收回，使其不发生效力的行为。《公约》规定：一项发价，即使是不可撤销的，准予撤回，如果撤回通知于发价送达被发价人之前或同时送达被发价人。

撤销是指发价人取消已经生效的发价的行为。《公约》规定：在未订立合同之前，发价可以撤销，撤销通知应当于被发价人发出接受通知之前送达被发价人。但在下列情况下，发价不得撤销：第一，发价写明接受发价的期限或以其他方式表示发价是不可撤销的；第二，被发价人有理由信赖该项发价是不可撤销的，而且被发价人已本着对该项发价的信赖行事。

（4）发价的终止

发价的终止有三种情况：一是发价于拒绝通知送达发价人时终止，即使该发价是不可撤销的；二是发价已经撤销；三是发价因其所规定的接受期已满。

3. 接受

（1）接受的概念和有效条件

《公约》规定：被发价人声明或做出其他行为表示同意一项发价，即是接受。一项有效的接受应该满足以下三个条件。

1）接受必须由被发价人向发价人做出。接受可以由两种方式做出：一是声明，由被发价人采用口头或者书面方式向发价人表明接受发价。二是被发价人根据该项发价或依照当事人之间确立的习惯做法和惯例做出某种行为，例如与发运货物或支付价款有关的行为，来表示同意，而无须向发价人发出通知。接受于该项行为做出时生效，但该项行为必须在规定的期间内做出。缄默或不行动本身不等于接受。

2）接受必须在发价的有效期内做出。表示同意的通知必须在发价人所规定的时间内，如未规定时间，应在一段合理的时间内，送达发价人，但须适当地考虑到交易的情况，包括发价人所使用的通信方法的迅速程序。对口头发价必须立即接受，但情况有别者不在此限。如果在规定的有效期后接受，则称“逾期接受”，如果载有逾期接受的信件或其他书面文件表明，它是在传递正常、能及时送达发价人的情况下寄发的，则该项逾期接受具有接受的效力，但是如果发价人毫不迟延地用口头或书面通知被发价人他的发价已经失效，则该逾期接受就不再具有接受的法律效力。

3）接受必须与发价的内容相一致。对发价表示接受但载有添加、限制或其他更改的答复，即为拒绝该项发价，并构成还价。对发价表示接受但载有添加或不同条件的答复，如所载的添加或不同条件在实质上并不变更该项发价的条件，除发价人在不过分迟延的期间内以口头或书面通知反对其间的差异外，仍构成接受。如果发价人不做出这种反对，合同的条件就以该项发价的条件以及接受通知内所载的更改为准。有关货物价格、付款、货物质量和数量、交货地点和时间、一方当事人对另一方当事人的赔偿责任范围或解决争端等的添加或不同条件，均视为在实质上变更发价的条件。

(2) 接受的生效时间

接受发价于表示同意的通知送达发价人时生效，对发价的接受生效时决定了合同同时成立。

1）发价人在电报或信件内规定的接受期间，从电报交发时刻或信上载明的发信日期起算，如信上未载明发信日期，则从信封上所载日期起算。发价人以电话、电传或其他快速通信方法规定的接受期间，从发价送达被发价人时起算。

2）在计算接受期间时，接受期间内的正式假日或非营业日应计算在内。但是，如果接受通知在接受期间的最后1天未能送到发价人地址，而那天在发价人营业地是正式假日或非营业日，则接受期间应顺延至下一个营业日。

(3) 接受的撤回

接受得予撤回，如果撤回通知于接受原应生效之前或同时送达发价人。

【案例讨论】

甲、乙两公司采用合同书形式订立了一份买卖合同。双方约定由甲公司向乙公司提供100台精密仪器，甲公司于8月31日以前交货，并免费将货物运至乙公司，乙公司在收到货物后10日内付清货款。合同订立后，双方均未签字盖章。7月28日，甲公司与丙运输公司订立货物运输合同，双方约定由丙公司将100台精密仪器运至乙公司；8月1日，丙公司先运了70台精密仪器至乙公司，乙公司全部收到，并于8月8日将70台精密仪器的货款付清；8月20日，甲公司掌握了乙公司转移财产、逃避债务的确切证据，随即通知丙公司暂停运输其余30台精密仪器，并通知乙公司中止交货，要求乙公司提供担保，乙公司及时提供了担保。8月26日，甲公司通知丙公司将其余30台精密仪器运往乙公司，丙公司在运输中发生交通事故，30台精密仪器全部毁损，致使甲公司8月31日前不能按时全部交货。

9月5日，乙公司要求甲公司承担违约责任。根据以上事实及《合同法》的规定，回答下列问题：

（1）甲、乙公司订立的买卖合同是否成立？并说明理由。

（2）甲公司8月20日中止履行合同的行为是否合法？并说明理由。

（3）乙公司9月5日要求甲公司承担违约责任的行为是否合法？并说明理由。

（4）丙公司对货物毁损应承担什么责任？并说明理由。

第二节　买卖合同履行

一、买卖合同双方当事人的义务

1. 出卖人的义务

（1）出卖人应当履行向买受人交付标的物或者交付提取标的物的单证，并转移标的物所有权的义务。

买卖合同的买受人的目的就是取得标的物的所有权，所以交付标的物并转移标的物所有权是出卖人最基本的义务。《联合国国际货物销售合同公约》第30条规定："卖方必须按照合同和本公约的规定，交付货物，移交一切与货物有关的单据并转移货物所有权。"

交付是指标的物占有的转移。标的物的交付分为现实的交付和拟制的交付两种。现实的交付即指出卖人将标的物的占有直接转移于买受人，使标的物处于买受人的实际控制之下。如将出卖的商品直接交给买受人，将出卖房屋的钥匙交给买受人等，都是现实交付。拟制的交付是指出卖人将对标的物占有的权利转移于买受人，以替代现实的交付。出卖人应当履行向买受人交付"提取标的物的单证"的义务，就是一种拟制交付。这种拟制交付可以称为指示交付，它是指在标的物由第三人占有时，出卖人将对于第三人的请求提取标的物的权利让与买受人，以代替标的物的实际交付。最常见的指示交付是将仓单、提单交给买受人。交付必须是依出卖人的意思而作出的，如未经出卖人的同意，买受人自行将标的物或者提取标的物单证从出卖人处取走，则不构成交付，而是非法侵占的行为。

标的物所有权的转移方法，依法律的规定而定。动产一般以占有为权利的公示方法，因此，除法律另有特别规定或者当事人另有约定以外，动产所有权依交付而转移。不动产和法律有特别规定的动产，如车辆、船舶、航空器等，以登记为权利公示的方法，因此，其所有权的转移须办理所有权人的变更登记。无论合同是否作出约定，出卖人都应当协助买受人办理所有权的变更登记手续，并将有关的产权证明文书交付买受人。在买卖合同成立时出卖人尚未取得标的物所有权的情况下，出卖人就应当在合同订立后取得该标的物的所有权，以将其转移给买受人。

（2）出卖人应当按照约定或者交易习惯向买受人交付提取标的物单证以外的有关单证和资料。

除了标的物的仓单、提单这些用于提取标的物的单证外，现实生活中关于买卖的标的物，尤其是国际贸易中的货物，还有其他一些单证和资料，比如商业发票、产品合格证、质量保证书、使用说明书、产品检疫书、产地证明、保修单、装箱单等。对于这些单证和资料，如果买卖合同中明确约定了出卖人交付的义务或者是按照交易的习惯，出卖人应当交付，则出卖人就有义务在履行交付标的物的义务以外，向买受人交付这些单证和资料。《联合国国际货物销售合同公约》第 34 条规定：“如果卖方有义务移交与货物有关的单据，他必须按照合同所规定的时间、地点和方式移交这些单据。”

(3) 出卖人应当按照约定的质量要求交付标的物。出卖人提供有关标的物质量说明的，交付的标的物应当符合该说明的质量要求。当事人对标的物的质量要求没有约定或者约定不明确的，可以协议补充；不能达成补充协议的，按照合同有关条款或者交易习惯确定；如果仍不能确定的，质量标准有国家标准、行业标准的，按照国家标准、行业标准履行；没有国家标准、行业标准的，按照同类产品或者同类服务的市场通常质量标准或者符合合同目的特定标准履行。这里讲的通常质量标准，指的是同一价格的中等质量标准。

出卖人交付的标的物不符合质量要求的，买受人可以要求出卖人承担违约责任。质量不符合约定的，应当按照当事人的约定承担违约责任。对违约责任没有约定或者约定不明确的，可以根据补充协议或通过合同的有关条款或者交易习惯来确定，仍不能确定的，受损害方根据标的的性质以及损失的大小，可以合理选择请求修理、更换、重做、退货、减少价款或者报酬。质量不符合约定，造成其他损失的，可以请求赔偿损失。

(4) 出卖人应当按照约定的包装方式交付标的物。对包装方式没有约定或者约定不明确，依照《合同法》第 61 条的规定仍不能确定的，应当按照通用的方式包装，没有通用方式的，应当采取足以保护标的物的包装方式。

标的物的包装方式既可以指包装物的材料，又可以指包装的操作方式，它对于标的物品质的保护具有重要作用，尤其对一些易腐、易碎、易潮以及如化学物品等更是这样。对有些标的物来说，质量标准的一部分可能就通过包装本身来表现。《合同法》第 156 条规定，出卖人交付的标的物，应当符合合同约定的包装方式。没有约定或者约定不明确的，依照该法第 61 条解决，仍然解决不了的，应当按照通用的方式包装，没有通用方式的，应当采取足以保护标的物的包装方式。该条的规定借鉴的是国际货物销售合同公约第 35 条的有关内容。即卖方交付的货物必须与合同所规定的数量、质量和规格相符，并须按照合同所规定的方式装箱或包装。除双方当事人业已另有协议外，货物除非符合以下规定，否则即为与合同不符；货物按照同类货物通用的方式装箱或包装，如果没有此种通用方式，则按照足以保全和保护货物的方式装箱包装。至于何为“足以保护标的物的包装方式”，则需根据具体的买卖合同标的物作出判断。

(5) 出卖人就交付的标的物，负有保证第三人不得向买受人主张任何权利的义务，但法律另有规定的除外。买卖合同中出卖人对标的物的权利担保指的是出卖人应当保证对标的物享有合法的权利，没有侵犯任何第三人的权利，并且任何第三人都不会就该标的物向买受人主张任何权利。买卖合同根本上就是标的物所有权的转让，因此，出卖人的这项义务也就是其一项最基本的义务，是买卖合同中出卖人的一项法定义务，即使合同中对其未作约定，出卖人也必须履行。

如果有关专门立法对有权利缺陷标的物的买卖作出特别规定，则首先要依照其规定。如标的物抵押期间，抵押人转让已办理登记的抵押物的，应当通知抵押权人并告知受让人转让物已经抵押的情况；抵押人未通知抵押权人或者未告知受让人的，转让行为无效。因此，在这种情况下，有关抵押物的买卖合同就应当按照无效处理，当事人应当依照本法有关合同无效的条文确定其权利义务关系。

买受人订立合同时知道或者应当知道第三人对买卖的标的物享有权利的，出卖人不承担“保证第三人不得向买受人主张任何权利”的义务。另外，如果就买受人是否知情发生争议，出卖人如果主张买受人在订立合同时明知标的物的权利缺陷，则对此举证的责任在出卖人，而非买受人。

买受人有确切证据证明第三人可能就标的物主张权利的，可以中止支付相应的价款，但出卖人提供适当担保的除外，这种担保应当是与买受人有理由证明的可能损害相适应的。

2. 买受人的义务

（1）买受人有支付价款的义务

买受人应当按照约定的数额支付价款。对价款没有约定或者约定不明确的，可以协议补充；不能达成补充协议的，按照合同有关条款或者交易习惯确定；仍不能确定价款或者报酬的，按照订立合同时履行地的市场价格履行；依法应当执行政府定价或者政府指导价的，按照规定履行。

买受人应当按照约定的地点支付价款。对支付地点没有约定或者约定不明确，可以协议补充；不能达成补充协议的，按照合同有关条款或者交易习惯确定；仍不能确定的，买受人应当在出卖人的营业地支付，但约定支付价款以交付标的物或者交付提取标的物单证为条件的，在交付标的物或者交付提取标的物单证的所在地支付。

买受人应当按照约定的时间支付价款。对支付时间没有约定或者约定不明确，可以协议补充；不能达成补充协议的，按照合同有关条款或者交易习惯确定；仍不能确定的，买受人应当在收到标的物或者提取标的物单证的同时支付。

（2）买受人有受领标的物的义务

买受人应当按照约定的时间、地点和方式受领标的物。

（3）买受人有检验标的物的义务。买受人收到标的物时应当在约定的检验期间内检验。没有约定检验期间的，应当及时检验。为使买受人能够正常地对标的物进行检验，出卖人应当有提供技术资料的义务。

当事人约定检验期间的，买受人应当在检验期间内将标的物的数量或者质量不符合约定的情形通知出卖人。买受人怠于通知的，视为标的物的数量或者质量符合约定。

当事人没有约定检验期间的，买受人应当在发现或者应当发现标的物的数量或者质量不符合约定的合理期间内通知出卖人。买受人在合理期间内未通知或者自标的物收到之日起两年内未通知出卖人的，视为标的物的数量或者质量符合约定，但对标的物有质量保证期的，适用质量保证期，不适用该两年的规定。

出卖人知道或者应当知道提供的标的物不符合约定的，买受人不受上述两款规定的通知时间的限制。

二、标的物所有权的转移与风险承担

1. 标的物何时转移

标的物的所有权自标的物交付时起转移，但法律另有规定或者当事人另有约定的除外。

出卖人应当按照约定的期限交付标的物。约定交付期间的，出卖人可以在该交付期间内的任何时间交付。合同约定在某确定时间交付的，除非对交付的时间有精确要求的合同外，一般落实到日即是合理的。出卖人约定的履行标的物交付义务的时间，迟于此时间，即为迟延交付；早于此时间，即为提前履行，严格意义上也是一种违约。买受人可以拒绝出卖人提前履行债务，但提前履行不损害买受人利益的除外。出卖人提前履行债务给债权人增加的费用，由出卖人承担。合同约定了一个交付期间的，出卖人可以在该交付期间内的任何时间交付。

当事人没有约定标的物的交付期限或者约定不明确的，可以协议补充；不能达成补充协议的，按照合同有关条款或者交易习惯确定。履行期限不明确的，债务人可以随时履行，债权人也可以随时要求履行，但应当给对方必要的准备时间。

标的物在订立合同之前已为买受人占有的，合同生效的时间为交付（占有）时间。

2. 标的物何地转移

出卖人应当按照约定的地点交付标的物。当事人没有约定交付地点或者约定不明确的，可以协议补充；不能达成补充协议的，按照合同有关条款或者交易习惯确定；仍不能确定的，适用下列规定：

（1）标的物需要运输的，出卖人应当将标的物交付给第一承运人以运交给买受人；

（2）标的物不需要运输，出卖人和买受人订立合同时知道标的物在某一地点的，出卖人应当在该地点交付标的物；不知道标的物在某一地点的，应当在出卖人订立合同时的营业地交付标的物。

3. 标的物转移风险

标的物毁损、灭失的风险，在标的物交付之前由出卖人承担，交付之后由买受人承担，但法律另有规定或者当事人另有约定的除外。

因买受人的原因致使标的物不能按照约定的期限交付的，买受人应当自违反约定之日起承担标的物毁损、灭失的风险。

出卖人出卖交由承运人运输的在途标的物，除当事人另有约定的以外，毁损、灭失的风险自合同成立时起由买受人承担。

当事人没有约定交付地点或者约定不明确的，如果标的物需要运输的，出卖人将标的物交付给第一承运人后，标的物毁损、灭失的风险由买受人承担。标的物不需要运输的，出卖人按照约定或者将标的物置于交付地点，买受人违反约定没有收取的，标的物毁损、灭失的风险自违反约定之日起由买受人承担。

出卖人按照约定未交付有关标的物的单证和资料的，不影响标的物毁损、灭失风险的转移。

因标的物质量不符合质量要求，致使不能实现合同目的的，买受人可以拒绝接受标的物或者解除合同。买受人拒绝接受标的物或者解除合同的，标的物毁损、灭失的风险由出卖人承担。

标的物毁损、灭失的风险由买受人承担的，不影响因出卖人履行债务不符合约定，买受人要求其承担违约责任的权利。

三、特殊买卖合同处理

1. 多交标的物的处理

出卖人多交标的物的，买受人可以接收或者拒绝接收多交的部分。买受人接收多交部分的，按照合同的价格支付价款；买受人拒绝接收多交部分的，应当及时通知出卖人。

2. 孳息处理

标的物在交付前产生的孳息，归出卖人所有，交付之后产生的孳息，归买受人所有。

孳息是“原物”的对称。指由物或者权利而产生的收益。分为“天然孳息”和“法定孳息”。天然孳息指物依自然规律产生的收益，如土地生长的稻麦、树木的果实、牲畜的幼畜、挤出的牛乳、剪下的羊毛等。法定孳息指依民事法律关系产生的收益，如有利息的借贷或租赁，出借人有权收取利息，出租人有权收取租金等。买卖合同中标的物涉及的孳息，一般为天然孳息。但如果买卖的不是一般的货物，则也有可能涉及法定孳息，如买卖正被出租的房屋即是。

3. 主从物处理

因标的物的主物不符合约定而解除合同的，解除合同的效力及于从物。因标的物的从物不符合约定被解除的，解除的效力不及于主物。

主物是“从物”的对称。指独立存在，与同属于一人的他物合并使用而起主要效用的物。如自划游船对于船桨、保险箱对于钥匙都为主物。反之从物也是“主物”的对称。指独立存在，与同属于一人的他物合并使用而起辅助效用的物。一般的，从物的归属依主物的归属而定。因主物有瑕疵而解除契约者，其效力及于从物。从物有瑕疵者，买受人仅得就从物之部分解除。

4. 分批交货处理

出卖人分批交付标的物的，出卖人对其中一批标的物不交付或者交付不符合约定，致使该批标的物不能实现合同目的的，买受人可以就该批标的物解除。

出卖人不交付其中一批标的物或者交付不符合约定，致使今后其他各批标的物的交付不能实现合同目的的，买受人可以就该批以及今后其他各批标的物解除。

买受人如果就其中一批标的物解除，该批标的物与其他各批标的物相互依存的，可以将已经交付和未交付的各批标的物解除，即买受人可以解除整个合同。

5. 多项标的物的处理

标的物为数物，其中一物不符合约定的，买受人可以就该物解除，但该物与他物分离使标的物的价值显受损害的，当事人可以就数物解除合同。

6. 分期支付价款处理

分期付款的买受人未支付到期价款的金额达到全部价款的五分之一的，出卖人可以要求买受人支付全部价款或者解除合同。

出卖人解除合同的，可以向买受人要求支付该标的物的使用费。如果标的物有毁损，那么出卖人当然还可以请求相应的损害赔偿。

7. 凭样品买卖处理

凭样品买卖的当事人应当封存样品，并可以对样品质量予以说明。出卖人交付的标的物应当与样品及其说明的质量相同。

凭样品买卖的买受人不知道样品有隐蔽瑕疵的，即使交付的标的物与样品相同，出卖人交付的标的物的质量仍然应当符合同种物的通常标准。

瑕疵分为质量瑕疵和权利瑕疵，这里指的是质量瑕疵，即标的物存在不符合规定或者通用质量要求的缺陷，或者影响使用效果等方面的情况。

当事人对标的物的质量要求没有约定或者约定不明确，可以协议补充；不能达成补充协议的，按照合同有关条款或者交易习惯确定；仍不能确定的，质量要求有国家标准、行业标准的，按照该标准履行，没有的，要按照通常标准或者符合合同目的特定标准履行。买受人不知道样品存在隐蔽瑕疵的，即使交付的标的物与样品相同，出卖人交付的标的物应当与样品及其说明的质量相同，而不论出卖人是否知道样品存在隐蔽瑕疵。如果出卖人明知该瑕疵而故意隐瞒，则可以构成对买受人的欺诈。

8. **试用买卖的处理**

试用买卖的当事人可以约定标的物的试用期间。对试用期间没有约定或者约定不明确，可以协议补充；不能达成补充协议的，按照合同有关条款或者交易习惯确定，还不能确定的，由出卖人确定。

试用买卖是一种附条件的买卖，指当事人双方约定由买受人试用或者检验标的物，以买受人认可标的物为条件的买卖合同。

试用买卖中，买受人的认可是条件成就，买卖合同生效；买受人拒绝，则条件不成就，买卖合同不发生效力。买受人认可的，须向出卖人作出同意接受标的物的意思表示。其方式可以是口头的，也可以是书面的。买受人对标的物的认可，应当在约定的时间内作出；无约定期限者，应在出卖人对买受人规定的相当期限届至前表示之。

试用买卖的买受人在试用期内可以购买标的物，也可以拒绝购买。试用期间届满，买受人对是否购买标的物未作表示的，视为购买；买受人无保留地支付一部分或者全部的价金，或者对标的物从事试用以外的行为，也应当推定买受人认可标的物。

9. **拍卖处理**

拍卖的当事人的权利和义务以及拍卖程序等，依照有关法律、行政法规的规定。

（1）拍卖的概念

拍卖是拍卖人以公开竞价的方式，将拍卖标的物出售给最高应价人的买卖方式。拍卖按其性质可分为公法拍卖和私法拍卖。公法拍卖指司法拍卖；私法拍卖指民事拍卖。这两种拍卖的程序、责任均有不同。司法拍卖指人民法院的拍卖，又称强制拍卖，是人民法院按照强制执行程序进行的拍卖。私法拍卖是民法上的拍卖，又称任意拍卖，指公民、法人的拍卖。人民法院委托他人拍卖罚没物品，亦属私法拍卖。

私法拍卖又有自行拍卖和委托拍卖之分。公民、法人自己拍卖自己的财产，为自行拍卖。拍卖是买卖的一种方式，公民、法人可以运用这种方式出卖所经营的财产。政府从事民事拍卖，也是自行拍卖。公民、法人、政府和法院委托他人拍卖，为委托拍卖。

私法拍卖实行公开、公平、公正、诚实信用的原则。

《合同法》中的拍卖，即指私法拍卖，包括拍卖当事人、拍卖标的、拍卖程序、拍卖责任等内容。

（2）拍卖标的

拍卖的财产称拍卖标的，包括拍卖的物品和财产权利。拍卖标的是有体物的，称拍卖物。禁止流通物不得作为拍卖物。依照法律或者依照国务院规定需经审批才能转让的财产，在拍卖前，应当办理审批手续。

国家行政机关依法没收的物品，充抵税款、罚款的物品，公安机关保存的超过招领期限的遗失物品和其他确认为无主的物品，人民法院依法没收的物品，充抵罚金、罚款的物品以及无法返还的追回物品，适合拍卖的，也可以作为拍卖物。

1996 年 7 月 5 日第八届全国人民代表大会常务委员会第十二次会议通过了《中华人民共和国拍卖法》（以下简称《拍卖法》），该法于 2004 年 8 月 28 日第十届全国人大常委会第十一次会议通过《关于修改〈中华人民共和国拍卖法〉的决定》修正。拍卖法对于作为拍卖中介人的拍卖企业进行委托拍卖行为作了具体的规定，但未调整公民、法人自己拍卖自己的财产的自行拍卖行为。因此，《合同法》作出规定，拍卖的当事人的权利义务以及拍卖程序等，依照有关法律、行政法规的规定。依照这一规定，自行拍卖的当事人的权利义务以及拍卖程序等，可以依照《拍卖法》的规定予以确定。

10. 互易交易处理

当事人约定易货交易，转移标的物的所有权的，参照买卖合同的有关规定。

11. 招投标处理

招标投标买卖的当事人的权利和义务以及招标投标程序等，依照有关法律、行政法规的规定。

12. 其他

法律对其他有偿合同有规定的，依照其规定；没有规定的，参照买卖合同的有关规定。

【案例讨论】

2007 年 10 月份，某机械加工厂（简称机械厂）向大连某机床厂（简称机床厂）订购了一台特种机床及与之配套的整套配件，总价值 68 万元，约定 2008 年 1 月宁波港交货。2008 年 1 月初，与之配套的整套配件通过陆路运输先期运达，但是机床主机直至 1 月底仍没有运到。直至 1 月 31 日，经机械厂再三催问，机床厂答复由于雪灾原因导致其河南的供应商关键组件不能运达总厂进行总装，所以机床主机尚需时日才能组装好并运到宁波港。2 月 2 日，机械厂得知当地有一家同行企业因业务方向转移愿意低价出售沈阳某机床厂制造的类似设备，机械厂立即上门检查，发现该设备功能符合要求、性能良好、价格公道，于是决定购买。同时机械厂以已经超过约定交货期为由要求机床厂取消订购合同并要求赔偿，机床厂不同意，认为雪灾属于不可抗力，订购合同依然有效。后经双方多次协商，至 2008 年 5 月份，机床厂答应取消合同，但是先期运达价值 12 万元的配套设备属于分批交货合同中的第一批货物，根据《合同法》机械厂应该付款，机械厂拒绝，要求机床厂将配套设备自行运回。

问题：

（1）机械厂和机床厂签订的订购合同是否可以取消？

（2）机械厂可否要求退回价值 12 万元的配套设备？

第三节 招投标采购

一、招标投标法概述

1. 招标投标法介绍

招标投标法可从广义和狭义两个角度来看。广义的招标投标法是指国家用来规范招标投标活动，规范招标投标各种关系的法律规范的总称。它包括各级人大及其常委会制定的招标投标基本法，也包括有关招标投标的行政法规、规章和实施条例等。狭义的招标投标法是指中华人民共和国第九届全国人民代表大会常务委员会第十一次会议 1999 年 8 月 30 日通过，自 2000 年 1 月 1 日起施行的《中华人民共和国招标投标法》（以下简称《招标投标法》），该法是为了规范招标投标活动，保护国家利益、社会公共利益和招标投标活动当事人的合法权益，提高经济效益，保证项目质量而制定。凡在我国境内进行的招投标活动，均适用该法。

2. 招标投标活动原则与监督

招标投标活动应当遵循公开、公平、公正和诚实信用的原则。必须依法进行招标的项目，其招标投标活动不受地区或者部门的限制。任何单位和个人不得违法限制或者排斥本地区、本系统以外的法人或者其他组织参加投标，不得以任何方式非法干涉招标投标活动。

招标投标活动及其当事人应当接受依法实施的监督。有关行政监督部门依法对招标投标活动实施监督，依法查处招标投标活动中的违法行为。对招标投标活动的行政监督及有关部门的具体职权划分，由国务院规定。

3. 强制招标范围

强制招标，是指法律规定某些类型的采购项目，凡是达到一定数额的，必须通过招标进行，否则采购单位要承担法律责任。为了提高政府及公共部门的国有资金使用效率，或者为了符合国际金融组织的贷款条件，保证资金的有效使用和项目的公开进行，所以以法律形式规定了强制招标的范围，该范围之外的项目可以由当事人自行决定是否采取招标方式进行。

在我国境内进行下列工程建设项目包括项目的勘察、设计、施工、监理以及与工程建设有关的重要设备、材料等的采购，必须进行招标：

（1）大型基础设施、公用事业等关系社会公共利益、公众安全的项目；

（2）全部或者部分使用国有资金投资或者国家融资的项目；

（3）使用国际组织或者外国政府贷款、援助资金的项目。

上述所列项目的具体范围和规模标准，由国务院发展计划部门会同国务院有关部门制订，报国务院批准。法律或者行政法规对必须进行招标的其他项目的范围有规定的，依照其规定。任何单位和个人不得将依法必须进行招标的项目化整为零或者以其他任何方式规避招标。

二、招标

1. 招标人和招标方式

招标人是依照《招标投标法》规定提出招标项目、进行招标的法人或者其他组织。招标项目按照国家有关规定需要履行项目审批手续的，应当先履行审批手续，取得批准。招标人应当有进行招标项目的相应资金或者资金来源已经落实，并应当在招标文件中如实载明。

招标分为公开招标和邀请招标。公开招标是指招标人以招标公告的方式邀请不特定的法人或者其他组织投标。邀请招标是指招标人以投标邀请书的方式邀请特定的法人或者其他组织投标。公开招标是招标的主要方式，一般招标均采用这种方式。但是对于国务院发展计划部门确定的国家重点项目和省、自治区、直辖市人民政府确定的地方重点项目不适宜公开招标的，经国务院发展计划部门或者省、自治区、直辖市人民政府批准，可以进行邀请招标。

2. 招标公告与招标邀请书

（1）招标公告

招标人采用公开招标方式的，应当发布招标公告。必须依法进行招标的项目，其招标公告应通过国家指定的报刊、信息网络或者其他媒介发布。招标公告应载明招标人的名称和地址、招标项目的性质、数量、实施地点和时间以及获取招标文件的办法等事项。

（2）招标邀请

招标人采用邀请招标方式的，应当向三个以上具备承担招标项目的能力、资信良好的特定的法人或者其他组织发出投标邀请书。

投标邀请书也应当载明招标人的名称和地址、招标项目的性质、数量、实施地点和时间以及获取招标文件的办法等事项。

3. 招标文件

招标文件是招标人向潜在投标人阐述招标承建工程项目或采购货物及服务的详细内容、标准、技术规范或规格以及投标程序等事项的书面法律文件。

招标人应当根据招标项目的特点和需要编制招标文件。招标文件应当包括招标项目的技术要求、对投标人资格审查的标准、投标报价要求和评标标准等所有实质性要求和条件以及拟签订合同的主要条款。

国家对招标项目的技术、标准有规定的，招标人应当按照其规定在招标文件中提出相应要求。招标项目需要划分标段、确定工期的，招标人应当合理划分标段、确定工期，并在招标文件中载明。

招标文件不得要求或者标明特定的生产供应者以及含有倾向或者排斥潜在投标人的其他内容。

招标人对已发出的招标文件进行必要的澄清或者修改的，应当在招标文件要求提交投标文件截止时间至少 15 日前，以书面形式通知所有招标文件收受人。该澄清或者修改的内容为招标文件的组成部分。

招标人根据招标项目的具体情况，可以组织潜在投标人踏勘项目现场。

4. 招标代理机构

招标人具有编制招标文件和组织评标能力的，可以自行办理招标事宜。招标人也可委托招标代理机构办理招标事宜，招标人有权自行选择招标代理机构，任何单位和个人不得以任何方式为招标人指定招标代理机构。任何单位和个人不得强制招标人委托招标代理机构办理招标事宜。依法必须进行招标的项目，招标人自行办理招标事宜的，应当向有关行政监督部门备案。

招标代理机构是依法设立、从事招标代理业务并提供相关服务的社会中介组织。招标代理机构应当具备下列条件：

（1）有从事招标代理业务的营业场所和相应资金；

（2）有能够编制招标文件和组织评标的相应专业力量；

（3）有符合《招标投标法》第 37 条第 3 款规定条件、可以作为评标委员会成员人选的技术、经济等方面的专家库。

从事工程建设项目招标代理业务的招标代理机构，其资格由国务院或者省、自治区、直辖市人民政府的建设行政主管部门认定。具体办法由国务院建设行政主管部门会同国务院有关部门制定。从事其他招标代理业务的招标代理机构，其资格认定的主管部门由国务院规定。招标代理机构与行政机关和其他国家机关不得存在隶属关系或者其他利益关系。招标代理机构应当在招标人委托的范围内办理招标事宜，并遵守《招标投标法》关于招标人的规定。

三、投标

1. 投标人

投标人是响应招标、参加投标竞争的法人或者其他组织。所以，一般情况下，投标人都应该是法人或其他组织，不能是自然人，但是依法招标的科研项目允许个人参加投标的，投标的个人适用《招标投标法》有关投标人的规定。

投标人应当具备承担招标项目的能力；国家有关规定对投标人资格条件或者招标文件对投标人资格条件有规定的，投标人应当具备规定的资格条件。

招标人可以根据招标项目本身的要求，在招标公告或者投标邀请书中，要求潜在投标人提供有关资质证明文件和业绩情况，并对潜在投标人进行资格审查。招标人不得以不合理的条件限制或者排斥潜在投标人，不得对潜在投标人实行歧视待遇。

2. 投标文件

投标文件是指投标人按照招标文件要求编制的对招标文件提出的实质性要求和条件做出响应的书面法律文件。

招标项目属于建设施工的，投标文件的内容应当包括拟派出的项目负责人与主要技术人员的简历、业绩和拟用于完成招标项目的机械设备等。

投标人应当在要求提交投标文件的截止时间前，将投标文件送达投标地点。招标人收到投标文件后，应当签收保存，不得开启。投标人少于三个的，招标人应当依照《招标投标法》重新招标。在招标文件要求提交投标文件的截止时间后送达的投标文件，招标人应当拒收。投标人在招标文件要求提交投标文件的截止时间前，可以补充、修改或者撤回已提交的投标文件，并书面通知招标人。补充、修改的内容为投标文件的组成部分。

投标人根据招标文件载明的项目实际情况，拟在中标后将中标项目的部分非主体、非关键性工作进行分包的，应当在投标文件中载明。

招标人应当确定投标人编制投标文件所需要的合理时间；依法必须进行招标的项目，自招标文件开始发出之日起至投标人提交投标文件截止之日止，最短不得少于 20 日。

3. 投标联合体与联合投标

投标联合体是指两个以上法人或者其他组织组成的，以一个投标人的身份共同投标。联合体各方均应当具备承担招标项目的相应能力；国家有关规定或者招标文件对投标人资格条件有规定的，联合体各方均应当具备规定的相应资格条件。由同一专业的单位组成的联合体，按照资质等级较低的单位确定资质等级。

联合体各方应当签订共同投标协议，明确约定各方拟承担的工作和责任，并将共同投标协议连同投标文件一并提交招标人。联合体中标的，联合体各方应当共同与招标人签订合同，就中标项目向招标人承担连带责任。

招标人不得强制投标人组成联合体共同投标，不得限制投标人之间的竞争。

四、开标、评标和中标

1. 开标

开标应当在招标文件确定的提交投标文件截止时间的同一时间公开进行；开标地点应当为招标文件中预先确定的地点。招标人应将在招标文件要求提交投标文件的截止时间前收到的所有投标文件在开标时当众予以拆封、宣读。

开标时，由投标人或者其推选的代表检查投标文件的密封情况，也可以由招标人委托的公证机构检查并公证；经确认无误后，由工作人员当众拆封，宣读投标人名称、投标价格和投标文件的其他主要内容。

开标由招标人主持，邀请所有投标人参加。开标过程应当记录，并存档备查。

2. 评标

（1）评标委员会组建

评标由招标人依法组建的评标委员会负责。依法必须进行招标的项目，其评标委员会由招标人的代表和有关技术、经济等方面的专家组成，成员人数为五人以上单数，其中技术、经济等方面的专家不得少于成员总数的三分之二。专家应当从事相关领域工作满 8 年并具有高级职称或者具有同等专业水平，由招标人从国务院有关部门或者省、自治区、直辖市人民政府有关部门提供的专家名册或者招标代理机构的专家库内相关专业的专家名单中确定；一般招标项目可以采取随机抽取方式，特殊招标项目可以由招标人直接确定。与投标人有利害关系的人不得进入相关项目的评标委员会，已经进入的应当更换。

评标委员会成员应当客观、公正地履行职务，遵守职业道德，对所提出的评审意见承担个人责任。评标委员会成员不得私下接触投标人，不得收受投标人的财物或者其他好处。

（2）评标的保密原则

招标人应当采取必要的措施，保证评标在严格保密的情况下进行。评标委员会成员的名单在中标结果确定前应当保密。评标委员会成员和参与评标的有关工作人员不得透露对投标文件的评审和比较、中标候选人的推荐情况以及与评标有关的其他情况。任何单位和个人不得非法干预、影响评标的过程和结果。

（3）评标一般要求

评标委员会可以要求投标人对投标文件中含义不明确的内容作出澄清或说明，但是澄清或说明不得超出投标文件的范围或改变投标文件的实质性内容。

评标委员会应当按照招标文件确定的评标标准和方法，对投标文件进行评审和比较；设有标底的，应当参考标底。评标委员会完成评标后，应当向招标人提出书面评标报告，并推荐合格的中标候选人。招标人根据评标委员会提出的书面评标报告和推荐的中标候选人确定中标人。招标人也可以授权评标委员会直接确定中标人。国务院对特定招标项目的评标有特别规定的，从其规定。

评标委员会经评审，认为所有投标都不符合招标文件要求的，可以否决所有投标。依法必须进行招标的项目的所有投标被否决的，招标人应当依照《招标投标法》重新招标。

3. 中标

中标是指经招标人评标后投标人投标成功，并与招标人签订合同的事实。

（1）中标条件

中标人的投标应当符合下列条件之一：

1）能够最大限度地满足招标文件中规定的各项综合评价标准；

2）能够满足招标文件的实质性要求，并且经评审的投标价格最低；但是投标价格低于成本的除外。

（2）中标通知

中标人确定后，招标人应当向中标人发出中标通知书，并同时将中标结果通知所有未中标的投标人。

中标通知书对招标人和中标人具有法律效力。中标通知书发出后，招标人改变中标结果的，或者中标人放弃中标项目的，应当依法承担法律责任。

（3）订立合同

招标人和中标人应当自中标通知书发出之日起 30 日内，按照招标文件和中标人的投标文件订立书面合同。招标人和中标人不得再行订立背离合同实质性内容的其他协议。招标文件要求中标人提交履约保证金的，中标人应当提交。

中标人应当按照合同约定履行义务，完成中标项目。中标人不得向他人转让中标项目，也不得将中标项目肢解后分别向他人转让。中标人按照合同约定或者经招标人同意，可以将中标项目的部分非主体、非关键性工作分包给他人完成。接受分包的人应当具备相应的资格条件，并不得再次分包。中标人应当就分包项目向招标人负责，接受分包的人就分包项目承担连带责任。

（4）强制招标项目的中标报告

依法必须进行招标的项目，招标人应当自确定中标人之日起 15 日内，向有关行政监督部门提交招标投标情况的书面报告。

（5）中标无效

所谓中标无效是指招标人最终作出的中标决定没有法律约束力。在招标人尚未与中标人签订书面合同的情况下，招标人发出的中标通知书失去了法律约束力，招标人没有与中标人签订合同的义务，中标人失去了与招标人签订合同的权利。当事人之间已经签订了书面合同的，所签合同无效。根据《民法通则》和《合同法》的规定，合同无效产生以下后果：

1）恢复原状。所谓中标无效，在订立合同后实际上就是招标人与投标人之间根据招标程序订立的合同的无效。根据《合同法》的规定，无效合同没有法律约束力。因该合同取得的财产，应当予以返还；不能返还或者没有必要返还的，应当折价补偿。

2）赔偿损失。有过错的一方应当赔偿对方因此所受到的损失，双方都有过错的，应当各自承担相应的责任。因为招标代理机构的违法行为而使中标无效的，招标代理机构应当赔偿招标人、投标人因此所受的损失。如果招标人、投标人也有过错的，各自承担相应的责任。根据《民法通则》的规定，招标人知道招标代理机构从事违法行为而不作反对表示的，应当与招标代理机构一起对第三人负连带责任。

3）重新确定中标人或者重新招标。《招标投标法》第64条规定，中标无效的，应当依照本法规定的中标条件从其余投标人中重新确定中标人或者依照本法重新进行招标。

(6)《招标投标法》规定中标无效的情况

1）泄露应当保密的与招标投标活动有关的情况和资料的，或者与招标人、投标人串通损害国家利益、社会公共利益或者他人合法权益的行为影响中标结果的，中标无效。

2）招标人向他人透露已获取招标文件的潜在投标人的名称、数量或者可能影响公平竞争的其他有关情况，或者泄露标底影响中标结果的，中标无效。

3）投标人以他人名义投标或者以其他方式弄虚作假，骗取中标的，中标无效。

4）招标人违反本法规定，与投标人就投标价格、投标方案等实质性内容进行谈判的行为影响中标结果的，中标无效。

5）招标人在评标委员会依法推荐的中标候选人以外确定中标人的，或者在所有投标被评标委员会否决后自行确定中标人的，中标无效。

导致中标无效的情况可以分为两类：违法行为直接导致中标无效，如《招标投标法》第53条、第54条、第57条的规定；只有在违法行为影响了中标结果时，中标才无效，如《招标投标法》第50条、第52条、第55条的规定。

五、法律责任

任何单位违反《招标投标法》规定，限制或者排斥本地区、本系统以外的法人或者其他组织参加投标的，为招标人指定招标代理机构的，强制招标人委托招标代理机构办理招标事宜的，或者以其他方式干涉招标投标活动的，责令改正；对单位直接负责的主管人员和其他直接责任人员依法给予警告、记过、记大过的处分，情节较重的，依法给予降级、撤职、开除的处分。

1. 逃避强制招标的法律责任

必须进行招标的项目而不招标的，将必须进行招标的项目化整为零或者以其他任何方式规避招标的，责令限期改正，可以处项目合同金额5‰以上10‰以下的罚款；对全部或者部分使用国有资金的项目，可以暂停项目执行或者暂停资金拨付；对单位直接负责的主管人员和其他直接责任人员依法给予处分。

2. 招标人法律责任

(1) 招标人以不合理的条件限制或者排斥潜在投标人的，对潜在投标人实行歧视待遇的，强制要求投标人组成联合体共同投标的，或者限制投标人之间竞争的，责令改正，可以处1万元以上5万元以下的罚款。

(2) 依法必须进行招标的项目，招标人向他人透露已获取招标文件的潜在投标人的名称、数量或者可能影响公平竞争的有关招标投标的其他情况的，或者泄露标底的，给予警告，可以并处1万元以上10万元以下的罚款；对单位直接负责的主管人员和其他直接责任人员依法给予处分；构成犯罪的，依法追究刑事责任。前款所列行为影响中标结果的，中标无效。

(3) 依法必须进行招标的项目，招标人违反规定，与投标人就投标价格、投标方案等实质性内容进行谈判的，给予警告，对单位直接负责的主管人员和其他直接责任人员依法给予处分。该行为影响中标结果的，中标无效。

（4）招标人在评标委员会依法推荐的中标候选人以外确定中标人的，依法必须进行招标的项目在所有投标被评标委员会否决后自行确定中标人的，中标无效。责令改正，可以处中标项目金额5‰以上10‰以下的罚款；对单位直接负责的主管人员和其他直接责任人员依法给予处分。

3. 招标代理机构法律责任

招标代理机构违反《招标投标法》规定，泄露应当保密的与招标投标活动有关的情况和资料的，或者与招标人、投标人串通损害国家利益、社会公共利益或者他人合法权益的，处5万元以上25万元以下的罚款，对单位直接负责的主管人员和其他直接责任人员处单位罚款数额5%以上10%以下的罚款；有违法所得的，并处没收违法所得；情节严重的，暂停直至取消招标代理资格；构成犯罪的，依法追究刑事责任。给他人造成损失的，依法承担赔偿责任。前款所列行为影响中标结果的，中标无效。

4. 投标人法律责任

（1）投标人相互串通投标或者与招标人串通投标的，投标人以向招标人或者评标委员会成员行贿的手段谋取中标的，中标无效，处中标项目金额5‰以上10‰以下的罚款，对单位直接负责的主管人员和其他直接责任人员处单位罚款数额5%以上10%以下的罚款；有违法所得的，并处没收违法所得；情节严重的，取消其一年至二年内参加投标资格并予以公告，直至由工商行政管理机关吊销营业执照；构成犯罪的，依法追究刑事责任。给他人造成损失的，依法承担赔偿责任。

（2）投标人以他人名义投标或者以其他方式弄虚作假，骗取中标的，中标无效，给招标人造成损失的，依法承担赔偿责任；构成犯罪的，依法追究刑事责任。

（3）依法必须进行招标的项目的投标人有前款所列行为尚未构成犯罪的，处中标项目金额5‰以上10‰以下的罚款，对单位直接负责的主管人员和其他直接责任人员处单位罚款数额5%以上10%以下的罚款；有违法所得的，并处没收违法所得；情节严重的，取消其一年至三年内参加投标资格并予以公告，直至由工商行政管理机关吊销营业执照。

5. 评标委员会法律责任

评标委员会成员收受投标人的财物或者其他好处的，评标委员会成员或者参加评标的有关工作人员向他人透露对投标文件的评审和比较、中标候选人的推荐以及与评标有关的其他情况的，给予警告，没收收受的财物，可以并处3千元以上5万元以下的罚款，对有所列违法行为的评标委员会成员取消担任评标委员会成员的资格，不得再参加任何依法必须进行招标的项目的评标；构成犯罪的，依法追究刑事责任。

6. 中标人法律责任

（1）中标人将中标项目转让给他人的，将中标项目肢解后分别转让给他人的，违反《招标投标法》规定将中标项目的部分主体、关键性工作分包给他人的，或者分包人再次分包的，转让、分包无效，处转让、分包项目金额5‰以上10‰以下的罚款；有违法所得的，并处没收违法所得；可以责令停业整顿；情节严重的，由工商行政管理机关吊销营业执照。

（2）中标人不履行与招标人订立的合同的，履约保证金不予退还，给招标人造成的损失超过履约保证金数额的，还应当对超过部分予以赔偿；没有提交履约保证金的，应当对招标人的损失承担赔偿责任。因不可抗力不能履行合同的，不适用该款规定。

（3）中标人不按照与招标人订立的合同履行义务，情节严重的，取消其二年至五年内参加投标资格并予以公告，直至由工商行政管理机关吊销营业执照。因不可抗力不能履行合同的，不适用该款规定。

7. 未按照招投标文件订立合同的法律责任

招标人与中标人不按照招标文件和中标人的投标文件订立合同的，或者招标人、中标人订立背离合同实质性内容的协议的，责令改正；可以处中标项目金额5‰以上10‰以下的罚款。

8. 行政监管机构法律责任

对招标投标活动依法负有行政监督职责的国家机关工作人员徇私舞弊、滥用职权或者玩忽职守，构成犯罪的，依法追究刑事责任；不构成犯罪的，依法给予行政处分。

六、其他说明

1. 投标人和其他利害关系人认为招标投标活动不符合本法有关规定的，有权向招标人提出异议或者依法向有关行政监督部门投诉。

2. 涉及国家安全、国家秘密、抢险救灾或者属于利用扶贫资金实行以工代赈、需要使用农民工等特殊情况，不适宜进行招标的项目，按照国家有关规定可以不进行招标。

3. 使用国际组织或者外国政府贷款、援助资金的项目进行招标，贷款方、资金提供方对招标投标的具体条件和程序有不同规定的，可以适用其规定，但违背中华人民共和国的社会公共利益的除外。

4.《招标投标法》规定投标人不得以低于成本价进行投标，但是对违反此规定者并未规定其法律责任，也未规定中标无效，应该属于立法漏洞，有待于完善。

【案例讨论】

某市第一中学科教楼工程为该市重点教育工程，2000年10月由市计委批准立项，建筑面积为7 800 m^2，投资780万元，项目2001年3月12日开工。此项目施工单位由业主经市政府和主管部门批准不招标，奖励给某建设集团承建，双方签订了施工合同。

问题：

该项目有哪些违反《招标投标法》之处？

思考与练习

一、单项选择题

1. 招标投标活动的公正原则与公平原则的共同之处在于创造一个公平合理、（　　）的投标机会。

A. 自由竞争　　B. 平等竞争

C. 表现企业实力　　D. 展示企业业绩

2. 诚实守信是民事活动的一项基本原则，招标投标活动是以（　　）为目的的民事活动，当然也适用这一原则。

A. 承揽工程任务　　B. 签订承包合同
C. 确定中标企业　　D. 订立采购合同

3. 在投标的过程中，如果投标人假借别的企业的资质，弄虚作假来投标即违反了（　）这一原则。

A. 公开　　B. 公平　　C. 诚实守信　　D. 公正

4. 对一个邀请招标的工程，必须向（　）以上的潜在投标人发出邀请。

A. 2 家　　B. 3 家　　C. 5 家　　D. 7 家

5. 招标信息公开是相对的，对于一些需要保密的事项是不可以公开的。如（　）在确定中标结果之前就不可以公开。

A. 评标委员会成员名单　　B. 投标邀请书
C. 资格预审公告　　D. 招标活动的信息

6. 评标时，（　）应当明确、严格，对所有在投标截止日期以后送到的投标书都应拒收，与投标人有利害关系的人员都不得作为评标委员会的成员。

A. 评标程序　　B. 评标时间　　C. 评标标准　　D. 评标方法

7. 关于发布招标公告，（　）是正确的。

A. 发布招标公告是招标必经程序
B. 采用公开招标方式的，可以用资格预审公告代替招标公告
C. 依法必须招标项目的招标公告可以自由选择发布媒介
D. 发布招标公告的目的是吸引潜在投标人参与投标竞争

8. 根据《招标投标法》的规定，下列关于招标代理机构应当具备条件的说法中，（　）是不正确的。

A. 有从事招标代理业务的营业场所和相应资金
B. 具有能够编制招标文件的专业力量
C. 具备编制工程量清单的能力
D. 具有能够组织评标的相应专业力量

二、简答题

1. 请简述发价在什么情况下终止？
2. 请简述买卖合同的主要特征。
3. 《联合国国际货物销售合同公约》中规定出卖人的义务主要有哪几条？
4. 凭样品买卖处理要注意哪些问题？
5. 《联合国国际货物销售合同公约》中规定买受人有检验标的物的义务，如果当事人没有约定检验期间，应该如何处理？

第三章

物流仓储法律法规

第一节　仓储合同

一、仓储合同的概念

仓储合同，是指当事人双方约定由保管人（又称仓管人或仓库营业人）为存货人保管储存的货物，存货人支付仓储费的合同。

随着国际及地区贸易的扩大，仓储业能为大批量货物提供便利、安全、价格合理的保管服务。因此仓储合同不再作为一般的保管合同来对待，而是作为一种独立的有名合同在《合同法》中加以规定。

二、仓储合同的法律特征

仓储合同就其性质而言，仍然是保管合同的一种，是一种特殊的保管合同。仓储合同的目的依然在于对仓储物的保管，仓储不过是一种物的堆积保管而已。《合同法》第395条规定，如果出现仓储合同一章没有规定的内容，应当适用保管合同的有关规定。足见二者在性质上有相同之处，但由于仓储业的特殊性质，使得仓储合同又有其显著的法律特征。

1. 保管人必须是具有仓库营业资质的人

保管人须是具有仓储设施、仓储设备，专事仓储保管业务的人。仓储合同区别于一般保管合同的一个重要标志就是在仓储合同主体的特殊性，即仓储合同中为存货人保管货物的一方必须是仓库营业人。仓库营业人，它可以是法人，也可以是个体工商户、合伙、其他组织等，但必须具备一定的资格，即必须具备仓储设备和专门从事仓储保管业务的资格。所谓仓储设备，是指可以用于储存和保管仓储物资的必要设施，这是保管人从事仓储经营业务必不可少的基本物质条件。所谓从事仓储业务的资格，是指保管人必须取得专门从事或者兼营仓储业务的营业许可，这是国家对保管人从事仓储经营业务的行政管理要求。在我国，仓储保管人应当是在工商行政管理机关登记，从事仓储保管业务，并领取营业执照的法人或其他组织。

2. 仓储合同的标的物须为动产

在仓储合同中，存货人应当将仓储物交付给保管人，由保管人按照合同的约定进行储存和保管，因此，存货人交付的仓储对象必须是动产。换言之，不动产不能成为仓储合同的标的物。

在仓储合同中，作为动产的仓储物，并非如一般保管合同那样，必须为特定物或特定化了的种类物。存货人交付储存保管的货物既可以是一定数量的特定物，也可以是一定品质数量的种类物。就较为普遍的情况而言，仓储保管人在保管储存期限届满或者依照存货人的请求而返还仓储物时，一般采取的是原物返还，而不能是其他代替物。

3. 仓储合同是双务、有偿、不要式合同

《合同法》第 381 条规定："仓储合同是保管人储存存货人交付的仓储物，存货人支付仓储费的合同"。双务、有偿性显而易见。

从各国立法以及我国合同立法的实际看，仓储合同是一种不要式合同，法律并不要求仓储合同必须具备特定的形式，可以是书面形式，也可以是口头形式，无论采用何种形式，只要符合《合同法》中关于合同成立的要求，合同即告成立，而无须以交付仓储物为合同成立的要件。这就意味着，双方当事人意思表示一致即受合同约束，任何一方不按合同约定履行义务，都要承担违约责任。虽然法律规定仓储合同的保管人在接受储存的货物时，应当给付存货人仓单，但是，仓单只是提取仓储物或者存入仓储物的凭证，并非合同。在仓储合同为口头合同时，仓单只是仓储合同的证明，虽然在此情况下可以视仓单为合同，但它毕竟只是一份凭证而已，不是仓储合同成立的必要形式要求。

4. 仓储合同是诺成合同

这一点显著区别于实践性的保管性合同，即合同从成立时即生效，而不是等到仓储物交付才生效，故又称为不要物合同，《合同法》对此有明确定义。在仓储合同中，保管人是具有专业性和营利性的从事仓储营业的服务的民事主体，合同一旦成立，在仓储物交付之前其必然要耗费一定的人力、物力、财力为履行合同做必要准备，若存货人此时反悔不交付货物，必然给对方带来损失。若仓储合同作为实践性合同，则合同从仓储物交付之日才成立，从订立合同到仓储物交付之间的这种损失只能依缔约过失责任而不是违约责任请求赔偿。作为诺成性合同则不同，只要双方达成一致协议，合同成立，则合同立即生效，双方当事人必须受合同效力的约束，上述损失就可依违约损失获得赔偿。显然法律的用意在于强调仓储合同的严肃性、稳定性，任何一方在仓储行为中都要做出慎重的、负责的意思表示，不可随意为之。我国《合同法》第 382 条"仓储合同自成立时生效"之规定，确认了仓储合同为诺成性合同。而保管合同是实践合同，或称为要物合同。保管合同除双方当事人达成合意外，还必须有寄存人交付保管物，合同从保管物交付时起成立。这是仓储合同与保管合同的重要区别之一。

5. 仓储合同存货人货物已交付或行使返还请求权以仓单为凭证。

三、仓储合同主要条款

仓储合同的主要条款，是存货人与保管人双方协商一致而订立的，规定双方所享有的主要权利和承担的主要义务的条款，是合同的内容，仓储合同的主要条款是检验合同的合法性、有效性的重要依据。依一般理解，《合同法》第 386 条所规定的仓单的有关事项，都应当为仓储合同的主要条款。但是，仓储合同的主要条款又不能局限于此。《仓储保管合同实施细则》第 7 条规定："合同应具备以下主要条款：货物的品名或品类；货物的数量、质量、包装；货物验收的内容、标准、方法、时间；货物保管条件和保管要求；货物进出库手续、时间、地点、运输方式；货物损耗标准和损耗的处理；计费项目、标准和结算方式，银行账号、时间；责任划分和违约处理；合同的有效期限；变更和解除合同的期限。”

据此，结合我国仓储业的实践，仓储合同的主要条款应包括：双方当事人名称；合同编号；合同签订地点；合同签订时间；仓储物的品名、种类、规格；仓储物的数量；仓储物的质量和包装；货物验收的内容、标准、方法、时间、资料；货物保管条件和要求；货物入库和出库的手续、时间；货物的损耗标准和损耗处理；计费项目、标准和结算方式；违约责任；保管期限；变更和解除合同的期限；争议的解决方式；货物商检、验收、包装、保险、运输等其他违约事项；双方当事人签字盖章。

四、仓储合同当事人的义务

1. 保管方的义务

(1) 给付仓单的义务

《合同法》第 385 条规定，存货人交付仓储物的，保管人应当给付仓单。仓单是保管人收到仓储物后给存货人开付的提取仓储物的凭证，以便存货人取回或处分其仓储物。

(2) 对入库货物进行验收的义务

保管人和存货人应当在合同中对入库货物的验收问题作出约定。验收的主要内容有三项：一是验收项目；二是验收方法；三是验收期限。保管人的正常验收项目为：货物的品名、规格、数量、外包装状况，以及无须开箱拆捆直观可见可辨的质量情况。包装内的货物品名、规格、数量，以外包装或货物上的标记为准；外包装或货物上无标记的，以供货方提供的验收资料为准。散装货物按国家有关规定或合同规定验收。验收方法为：全部验收和按比例验收。验收期限：验收期限自货物和验收资料全部送达保管人之日起，至验收报告送出之日止。

保管人应当按照合同约定的验收项目、验收方法和验收期限进行验收。保管人验收时发现入库的仓储物与约定不符的，如发现入库的仓储物的品名、规格、数量、外包装状况与合同中的约定不一致的，应当及时通知存货人。由存货人作出解释，或者修改合同，或者将不符合约定的货物予以退回。

保管人验收后发生仓储物的品种、数量、质量不符合约定的，保管人应当承担损害赔偿责任。在理解保管人的赔偿责任时，品种、数量不符合约定，应当承担损害赔偿责任较为明确；质量问题的赔偿责任，要注意两点：第一，这里讲的是质量不符合约定。对不同条件、不同性质的仓储物的质量，可以按照交易习惯和当事人的特别约定来确定质量问题。第二，如果约定不明确，发生质量问题是否由保管人承担赔偿责任，依照《合同法》第 394 条的规定，因仓储物的性质、包装不符合约定或超过有效储存期造成仓储物灭失、损坏的，保管人不负赔偿责任。

(3) 保证货物完好无损的义务

《合同法》第 394 条规定：储存期间，因保管人保管不善造成仓储物毁损、灭失的，保管人应当承担损害赔偿责任。因仓储物的性质、包装不符合约定或者超过有效储存期造成仓储物变质、损坏的，保管人不承担损害赔偿责任。

储存期间，保管人负有妥善保管仓储物的义务。所谓“妥善保管”，主要应当是按照仓储合同中约定的保管条件和保管要求进行保管。保管条件和保管要求是双方约定的，大多数情况下是存货人根据货物的性质、状况提出保管的条件和要求。只要是双方约定的，保管人就应当按照约定的保管条件和保管要求进行保管。保管人没有按照约定的保管条件和保管要求进行保管，造成仓储物毁损、灭失的，保管人应当承担损害赔偿责任。

保管人除应当按照约定的保管条件和保管要求进行保管外，还应当尽到善良管理人的责任。因为保管人的保管行为是有偿的，所以保管仓储物应当比保管自己的货物给予更多的注意。保管人应当经常对储存设施和储存设备进行维修和保养。还应当经常对仓储物进行巡视和检查，注意防火防盗。此外，为了存货人的利益，保管人在符合约定的保管条件和保管要求的情况下，发现仓储物变质、损坏，或者有变质、损坏的危险时，及时通知存货人或者仓单持有人，其中包括对临近失效期的仓储物，也应当及时通知存货人或者仓单持有人作出处置。这是诚实信用原则的要求。

仓储物在毁损、灭失的情况下，保管人应当承担赔偿责任，但是保管人能够证明仓储物的毁损、灭失是因仓储物本身性质的原因、或者因包装不符合约定、或者因仓储物超过有效储存期而造成的，保管人不承担赔偿责任。

（4）允许检查及提取样品的义务

《合同法》第388条规定，存货人将货物存置于仓库，存货人为了了解仓库堆藏及保管的安全程度与保管行为，保管人因存货人的请求，应允许其进入仓库检查仓储物或者提取样品。

（5）对货物变质损坏等异状的通知义务

《合同法》第389条规定，保管人对入库仓储物发现有变质或者其他损坏的，应当及时通知存货人或者仓单持有人。

保管人在符合合同约定的保管条件和保管要求进行保管的情况下，因仓储物的性质、包装不符合约定或者超过有效储存期，造成仓储物变质、损坏的，尽管保管人不承担责任，但是保管人应当及时将此种情况通知存货人或者仓单持有人。即使仓储物没有变质或其他损坏，但有发生变质或其他损坏的危险时，存货人也应当及时通知存货人或者仓单持有人。

《合同法》第60条规定："当事人应当按照约定履行自己的义务。当事人应当遵循诚实信用原则，根据合同的性质、目的和交易习惯履行通知、协助、保密等义务。"这一条就是说，当事人除按合同约定履行自己的合同义务以外，还应当按照诚实守信原则及合同的性质、目的和交易习惯履行合同中没有约定的通知、协助、保密等义务。

（6）保证具有适当保管条件的义务

保管人应当按照保管合同中约定的保管条件和保管要求妥善进行保管。保管人因保管不善造成仓储物变质或者其他损坏的，应当承担赔偿责任。例如保管条件已不符合原来的约定，如合同约定用冷藏库储存水果，但冷藏库的制冷设施发生故障，保管人不采取及时修理等补救措施，致使水果腐烂变质的，保管人应承担赔偿责任。

保管人储存易燃、易爆、有毒、有腐蚀性、有放射性等危险物品的，应当具备相应的保管条件。如果保管人不具备相应的保管条件，就对上述危险物品予以储存，对自身造成的损害，存货人不负赔偿责任。

2. 存货方的义务

（1）按照合同约定交付货物的义务

存货方对入库场的货物数量、质量、规格、包装应与合同规定内容相符负有责任，并配合保管方做好货物入库场的交接工作。

（2）对危险货物或易变质货物性质提供说明的义务

存货人储存易燃、易爆、有毒、有腐蚀性、有放射性等危险物品或者易变质物品，应当向保管人说明该物的性质。所谓“说明”，应当是在合同订立时予以说明，并在合同中注明。这是诚实信用原则的必然要求。如果存货人在订立合同后或者在交付仓储物时才予以说明，保管人根据自身的保管条件和技术能力，如果不能保管的，则可以拒收仓储物或者解除合同。

存货人除应当对需要储存的危险物品及易变质物品的性质作出说明外，还应当提供有关资料，以便保管人进一步了解该危险物品的性质，为储存该危险物品做必要的准备。

存货人没有说明所储存的货物是危险物品或易变质物品，也没有提供有关资料，保管人在入库验收时，发现是危险物品或易变质物品的，保管人可以拒收仓储物。保管人在接收仓储物后发现是危险物品或易变质物品的，除及时通知存货人外，也可以采取相应措施，以避免损害的发生，因此产生的费用由存货人承担。例如将危险物品搬出仓库转移至安全地带，由此产生的费用由存货人承担。如果存货人没有对危险物品的性质作出说明并提供有关资料，从而给保管人的财产或者其他存货人的货物造成损害的，存货人应当承担损害赔偿责任。如果存货人未说明所存货物是易变质物品而导致该物品变质损坏的，保管人不承担赔偿责任。

（3）按合同规定的条件支付仓储保管费

仓储合同为双务、有偿合同。存货人或者仓单持有人应按照约定期限和方式承担支付仓储费的义务。存货人或者仓单持有人也可以提前提取仓储物，但是不减收仓储费；存货人或者仓单持有人逾期提取仓储物的，应当加收仓储费。当事人在仓储合同中明确约定储存期间的，在储存期间届满前，保管人不得要求存货人或者仓单持有人提取仓储物，法律另有规定或者当事人另有约定的除外。例如依《合同法》第 383 条规定，存货人存放危险品而未将危险品的性质如实告知保管人，保管人可以在储存期间届满前要求存货人提取仓储物，而终止合同。

（4）对变质货物或其他损坏货物进行处置的义务

存货人或仓单持有人接到保管人对入库仓储物发现有变质或者其他损坏的及时通知，或者保管人对入库仓储物发现有变质或者其他损坏危及其他仓储物的安全和正常保管的催告有作出必要处置的义务。若没有对货物进行及时适当的处置造成货物损毁的，保管人不负责任。因为变质或损坏的仓储物危及其他仓储物的安全和正常保管，由此给其他仓储物或者保管人的财产造成损害的，存货人应当承担损害赔偿责任。

（5）允许保管人对变质或其他损坏货物进行紧急处置的义务

《合同法》第 390 条规定，保管人对入库仓储物发现有变质或者其他损坏，危及其他仓储物的安全和正常保管的，应当催告存货人或者仓单持有人作出必要的处置。因情况紧急，保管人可以作出必要的处置，但事后应当将该情况及时通知存货人或者仓单持有人。

保管人对入库仓储物发现有变质或者其他损坏，这种变质或损坏是非可归责于保管人的原因造成的，例如，因仓储物的性质、包装不符合约定造成仓储物本身的变质或损坏，保管人除及时通知存货人或者仓单持有人外，如果该仓储物已经危及其他仓储物的安全和正常保管的，还应当催告存货人或者仓单持有人作出必要的处置。因情况紧急，保管人可以作出必要的处置，但事后应当将该情况及时通知存货人或者仓单持有人。存货人或者仓单持有人应该容忍保管人的这种处置。

五、仓单

1. 仓单的概念和作用

仓单是指由保管人在收到仓储物时向存货人填发的表明仓储关系存在以及保管人愿向仓单持有人履行交付仓储物义务的证券。

2. 仓单的法律性质

(1) 仓单为有价证券

《合同法》第387条规定："仓单是提取仓储物的凭证。存货人或者仓单持有人在仓单上背书并经保管人签字或者盖章的，可以转让提取仓储物的权利。"可见，仓单表明存货人或者仓单持有人对仓储物的交付请求权，故为有价证券。

(2) 仓单为要式证券

《合同法》第386条规定，仓单须经保管人签名或者盖章，且须具备一定的法定记载事项，故为要式证券。

(3) 仓单为物权证券

仓单上所载仓储物的移转，必须自移转仓单始生所有权转移的效力，故仓单为物权证券。

(4) 仓单为文义证券，不要因证券

文义证券是指证券的权利义务的范围以证券上的文字记载为准。仓单的记载事项决定当事人的权利义务，当事人须依仓单上的记载主张权利义务，故仓单为文义证券，不要因证券。

(5) 仓单为自付证券

仓单是由保管人自己填发的，又由自己负担给付义务，故仓单为自付证券。仓单证明存货人已经交付了仓储物和保管人已经收到了仓储物的事实，它作为物品证券，在保管期限届满时，存货人或者仓单持有人可凭仓单提取仓储物，也可以背书的形式转让仓单所代表的权利。

3. 仓单的内容

仓单作为收取仓储物的凭证和提取仓储物的凭证，依据法律规定还具有转让或出质的记名物权证券的流动属性，它应当具备一定形式，其记载事项必须符合《合同法》及物权凭证的要求，使仓单关系人明确自己的权利并适当行使自己的权利。根据《合同法》第386条之规定，保管人应当在仓单上签字或者盖章，仓单法定必要记载事项包括：

(1) 仓单上必须有保管人的签字或者盖章，否则不产生仓单法律效力。

(2) 仓单是记名证券，应当明确记载存货人的名称及住所。

(3) 仓单应明确详细记载仓储物的品种、数量、质量、包装、件数和标记等物品状况，以便作为物权凭证，代物流通。

(4) 仓单上应记载仓储物的损耗标准。损耗标准的确定对提取仓储物和转让仓储物的当事人的物质利益至关重要，也是处理和避免仓储物数量、质量争议的必要环节。

(5) 仓单上应明确记载储存场所和储存期间，以便仓单持有人及时提取仓储物，明确仓单利益的具体状况。

(6) 仓单上应记载仓储费及仓储费的支付与结算事项，以使仓单持有人明确仓储费用的支付义务的归属及数额。

(7) 若仓储物已经办理保险，仓单中应写明保险金额、保险期间及保险公司的名称，以便明确仓单持有人的保险情况。

(8) 仓单应符合物权凭证的基本要求，记载仓单的填发人、填发地和填发的时间。

其中，存货人的名称或者姓名和住所，仓储物的品种、数量、质量、包装、件数和标记，储存场所，填发人、填发地和填发日期四项为绝对必要记载事项，不记载则不发生相应的证券效力。其余四项属于相对必要记载事项，如当事人不记载则按法律的规定来处理。

4. 仓单的转让与出质

仓单的最重要特征，是作为物权凭证的有价证券，具有流通性。《合同法》第 387 条规定："仓单是提取仓储物的凭证。存货人或者仓单持有人在仓单上背书并经保管人签字或者盖章的，可以转让提取仓储物的权利。"这一规定表明了仓单的可转让性及其法律要求。

(1) 仓单作为有价证券可以流通，流通的方式可以是转让仓单仓储物的所有权，即转让仓单；还可以按照《担保法》的规定，以仓单出质，即以仓单设定权利质押，使质权人在一定条件下享有提取仓单荐下仓储物的权利。

(2) 仓单转让或者仓单出质，均须符合法律规定的形式，才能产生相应的法律效力。存货人转让仓单必须在仓单上背书并经保管人签字或者盖章，若只在仓单上背书但没有保管人签字或者盖章，即使给付了仓单，转让行为也不能生效。因而，背书与保管人签章是仓单转让的必要的形式条件，缺一不可。背书是指存货人在仓单的背面或者粘单上记载被背书人（即受让人）的名称或姓名、住所等有关事项的行为。保管人的签字或盖章则是确保仓单及仓单利益，明确转让仓单过程中法律责任的手段。

存货人以仓单出质，应当与质权人签订质押合同，在仓单上背书并经保管人签字或者盖章，将仓单交付质权人，质押合同生效。当债务人不履行被担保债务时，质权人就享有提取仓储物的权利。

【案例讨论】

请认真阅读以下案例，按照《合同法》有关仓储的法律规定对案例进行分析。

1. 某储运公司与某贸易公司签订一份仓储合同，约定：由储运公司为贸易公司储存大豆；储存期自当年 6 月 1 日起至 8 月 1 日止；仓储费计 50 万元；如一方违约，违约方须支付违约金 10 万元。

合同签订后，储运公司着手清理仓库，并谢绝了其他仓储订单。同年 5 月 1 日，贸易公司通知储运公司：由于大豆产量下降，其所能收购的大豆远远低于预期，故不需大型仓库进行储存；鉴于合同尚未履行，建议终止仓储合同。

储运公司回复：同意终止合同，但贸易公司应依约支付违约金 10 万元。贸易公司对此十分不解：终止合同系事出有因，且其已在储存期开始前，将相关情况及时通知储运公司，储运公司未受损失，违约金从何谈起？

本案争议的焦点是双方订立的仓储合同是否成立，这就涉及仓储合同的法律性质问题，即仓储合同是诺成性合同还是实践性合同。

问题：

如果你是法官，你支持贸易公司还是储运公司的主张？

2. 甲公司为某海产品生产商，乙公司为某物流服务商，专为甲公司等几家海产品生产商提供精细包装、仓储和定时配送服务。2006 年 6 月 2 日，乙公司将甲公司已加工好的一级海虾进行包装完毕后存入其第 7 号冷库储存。同年 6 月 4 日，乙公司要扩建仓库通道，通道暂行阻塞，便打开 7 号冷库前后门，在温度超标准很长一段时间后才关闭前后门，并强行降温。

2006 年 6 月 8 日，当甲公司派人查看海虾时，发现包装纸箱上有水珠，海虾表面有红、黄斑点，甲公司速将海虾取样送市卫生防疫站化验，结果表明肉质软化，有臭味，肉质严重下降。

乙公司为了避免纠纷，同意减少仓储费 2 500 元，并以每吨 6 065 元的价格买下全部存货负责处理。甲公司为了从速处理虾肉，防止继续变质，同意了这种办法，收回货款 88 630 元，但仍造成经济损失 22 980 元。虾肉处理完毕后，甲公司要求乙公司赔偿损失，双方为此发生了纠纷。乙公司声称其已收购了甲公司的虾肉，而因此承担了大部分损失，问题已经解决，甲公司再要求赔偿没有道理。甲公司则认为，将虾肉卖给乙公司是为了防止损失继续扩大，乙公司的违约责任并未解除。

问题：

乙公司是否应当承担甲公司的经济损失？为什么？

3. 2006 年 11 月，某地百货公司购进一批棉布，由于公司仓库已满，便委托当地物资站代为储存保管。双方于 2006 年 12 月签订了合同，合同规定了储存棉布 1 000 匹和保管中防潮、防火等具体事项以及保管费的数额。物资站将棉布放于 2 号库储存。2007 年除夕之夜，正当万家喜庆、鞭炮齐鸣之时，该物资站的仓库突然起火。经过奋力抢救，大火终于被扑灭。但是，该站内所储存的百货公司的棉布被烧毁了 500 多匹，价值 1.5 万元。经调查火灾原因，发现该物资站 2 号库的窗户有一块长 60 厘米，宽 40 厘米的玻璃破碎，除夕前几天，保管员通知总务科及时安装，因当时总务科安装员未在，便一直没有安装玻璃。大年三十夜里，一枚闪光带响的“钻天猴”顺着破碎的窗子飞穿而过，正好落在存放在仓库的棉布上，从而引发了火灾。火灾发生后，该百货公司要求物资站全额赔偿烧毁的棉布，物资站以并非保管不善，而是群众燃放焰火所致，以属于不可抗力为由，拒绝给予赔偿。百货公司只好诉至法院。

问题：

（1）本案纠纷责任在哪一方？

（2）物资站以火灾属于不可抗力为由拒绝承担赔偿责任，是否成立？

第二节　保税仓库

一、保税仓库的概念

保税仓库是保税制度中应用最广泛的一种形式，是指经海关批准设立的专门存放保税货物及其他未办结海关手续货物的仓库。随着国际贸易的不断发展及外贸方式多样化，世界各国进出口货运量增长很快，如进口原料、配件进行加工，装配后复出口、补偿贸易、转口贸易、期货贸易等灵活贸易方式的货物，进口时要征收关税，复出口时再申请退税，手续过于烦琐，也不利于发展对外贸易。如何既方便进出口，有利于把外贸搞活，又使未税货物仍在海关有效的监督管理之下，实行保税仓库制度就是解决这个问题的一把钥匙。这种受海关监督管理，专门存放按海关法规和经海关核准缓纳关税的进出口货物的场所，通称保税仓库。保税货物是指经海关批准未办理纳税手续进境，在国内储存、加工、装配后复出境的货物，这类货物如在规定的期限内复运出境，经海关批准核销；如果转为内销，进入国内市场，则必须事先提供进口许可证和有关证件，正式向海关办理进口手续并缴纳关税，货物才能出库。

二、保税仓库的类型

1. 按使用对象分类

保税仓库按照使用对象不同分为公用型保税仓库、自用型保税仓库。公用型保税仓库是指由主营仓储业务的中国境内独立企业法人经营，专门向社会提供保税仓储服务的保税仓库。这种保税仓库存放的货物，出库货物的流向不是单一的，也就是说货物出库的流向可以是复出口运往境外，也可以销往境内。自用型保税仓库是由特定的中国境内独立的法人经营，仅存储本企业自用的保税货物的仓库。

2. 专用型保税仓库

保税仓库中专门用来存储具有特定用途或特殊种类商品的称为专用型保税仓库。

专用型保税仓库包括液体危险品保税仓库、备料保税仓库、寄售维修保税仓库和其他专用型保税仓库。

液体危险品保税仓库，是指符合国家关于危险化学品仓储规定的，专门提供石油、成品油或者其他散装液体危险化学品保税仓储服务的保税仓库。

备料保税仓库，是指加工贸易企业存储为加工复出口产品所进口的原材料、设备及其零部件的保税仓库，所存保税货物仅限于供应本企业。

寄售维修保税仓库，是指专门存储为维修外国产品所进口寄售零配件的保税仓库。

专用型保税仓库，如维修技术服务中心（站）寄售零配件保税仓库；国际运输工具备用燃料、物料和零配件保税仓库；免税外汇商品保税仓库；中远船员自用物品保税仓库；海上石油开发外籍人员生活用品保税仓库等。

三、保税仓库的货物类别与范围

经海关批准可以存入保税仓库的货物有：加工贸易进口货物；转口货物；供应国际航行船舶和航空器的油料、物料和维修用零部件；供维修外国产品所进口寄售的零配件；外商暂存货物；未办结海关手续的一般贸易货物；经海关批准的其他未办结海关手续的货物。

保税仓库应当按照海关批准的存放货物范围和商品种类开展保税仓储业务。保税仓库不得存放国家禁止进境货物，不得存放未经批准的影响公共安全、公共卫生或健康、公共道德或秩序的国家限制进境货物以及其他不得存入保税仓库的货物。

四、保税仓库的设立与审批

1. 海关批准设立保税仓库的法律依据

《中华人民共和国海关法》第三十二条：经营保税货物的储存、加工、装配、展示、运输、寄售业务和经营免税商店，应当符合海关监管要求，经海关批准，并办理注册手续。

2. 海关批准设立保税仓库的实施依据

主要包括：《中华人民共和国行政许可法》《中华人民共和国海关实施〈中华人民共和国行政许可法〉办法》《中华人民共和国海关对保税仓库及所存货物的管理规定》《中华人民共和国海关对保税仓库及所存货物的管理规定》《中华人民共和国海关对保税仓库及所存货物管理操作规程》，以及其他法律、行政法规、规章、规范性文件。

3. 经营保税仓库的企业应当具备的条件

（1）经工商行政管理部门注册登记，具有企业法人资格。

（2）注册资本最低限额为 300 万元人民币。

（3）具备向海关缴纳税款的能力。

（4）具备专门存储保税货物的营业场所。

（5）经营特殊许可商品存储的，应当持有规定的特殊许可证件。

（6）经营备料保税仓库的加工贸易企业，年出口额最低为 1 000 万美元。

（7）法律、行政法规、海关规章规定的其他条件。

4. 申请设立保税仓库应当具备的条件

（1）符合海关对保税仓库布局的要求，并设立在设有海关机构、便于海关监管的区域。

（2）具备符合海关监管要求的安全隔离设施、监管设施和办理业务必需的其他设施。

（3）具备符合海关监管要求的保税仓库计算机管理系统并与海关联网。

（4）具备符合海关监管要求的保税仓库管理制度、符合会计法要求的会计制度。

（5）符合国家土地管理、规划、交通、消防、质检、环保等方面法律、行政法规及有关规定。

（6）公用保税仓库面积最低为 2 000 米^2。

（7）液体危险品保税仓库容积最低为 5 000 米^3。

（8）寄售维修保税仓库面积最低为 2 000 米^2。

（9）法律、行政法规、海关规章规定的其他条件。

5. 申请设立保税仓库时应提交的文件

（1）《保税仓库申请书》。

（2）《保税仓库申请事项表》。

（3）可行性研究报告。

（4）工商行政管理部门颁发的《营业执照》原件及复印件。

（5）税务登记证复印件（国税和地税）。

（6）股权结构证明书复印件（合资企业）。

（7）企业的开户银行证明复印件。

（8）拟开展保税仓储的营业场所的用地土地所有权或使用权证明复印件，以及拟开展保税仓储的营业场所的产权证明，属租借房屋的还应提交房屋租赁合同。

（9）申请设立的保税仓库位置图及平面图。

（10）仓库管理制度。

（11）对申请设立寄售维修型保税仓库的，还应提交经营企业与外商的维修协议。

（12）经营企业财务制度与会计制度。

（13）消防验收合格证书。

（14）海关按规定需收取的其他单证和材料。

企业申请设立保税仓库时，如仓库已建成或租赁仓库经营的，以上所有单证、文件应一次性提交；如保税仓库尚在建设中的，以上第（8）、（13）项单证可缓收，在仓库验收时收取。

6. 保税仓库的海关注册（经营注册）

（1）注册申请

仓库经理人在其经营仓库具备了海关规定的仓储和管理条件后，应向主管海关提出注册申请，并提交下列文件资料：

1）《保税仓库申请书》。应填明仓库名称、地址、负责人、管理人员、储存面积及存放货物的类别等内容；

2）有关主管部门批准开展有关业务的批准文件，如寄售、维修等；

3）经营单位的工商营业执照。如系租赁仓库经营的，还应提供仓库经营人的营业执照。

4）其他有关资料。如租赁仓库的租赁合同或协议、仓库管理制度等。

（2）配合海关勘查

海关接受设立保税仓库的注册申请后，对提交的文件资料进行审查，并派员到仓库现场进行实地勘查，确认申请内容的真实性。海关实地核查仓储设施、核定仓储面积和便利海关监管的措施；审核仓库专门账册的设置是否适用、科学、简便、符合海关要求等。仓库经营人应积极配合海关实地勘查。

（3）领取登记证书

海关经单证审核和实地勘查后，对符合经营条件和符合海关有关规定并具备海关监管条件、经营人亦能保证遵守海关对保税仓库的各项规定，承担应履行的义务的，由直属海关批准建立保税仓库，并颁发《保税仓库注册登记证书》。经营人可在海关批准的范围内经营保税储存业务。

保税仓库的注册由主管海关接受申请并于20个工作日内进行初审，然后报直属海关审批。直属海关于20个工作日内审核批准设立保税仓库，批准文件有效期为一年。直属海关自批准设立保税仓库之日起30天内报海关总署备案。

7. 保税仓库海关管理规范

（1）保税仓库不得转租、转借给他人经营，不得下设分库。

（2）海关对保税仓库实行计算机管理，并可以随时派员进入保税仓库检查货物收、付、存情况及有关账册。海关认为有必要时，可以会同保税仓库经营企业共同对保税仓库加锁或者直接派员驻库监管，保税仓库经营企业应当为海关工作人员提供办公场所和必要的办公条件。

(3) 海关对保税仓库实行分类管理及年审制度，保税仓库经营企业应按照海关对企业实行年审的规定按时参加年审。对保税仓库不参加年审或者年审不合格的，海关注销其注册登记，并收回《保税仓库注册登记证书》。

(4) 保税仓库企业负责人和保税仓库管理人员应当熟悉海关有关的法律法规，遵守海关监管规定，参加海关培训。

(5) 保税仓库经营企业应当如实填写有关单证、仓库账册，真实记录并全面反映其业务活动和财务状况，编制仓库月度收、付、存情况和年度财务会计报告，并定期以计算机数据和书面形式报送主管海关。

(6) 保税仓库经营企业需变更企业名称、注册资本、组织形式、法定代表人等事项的应向主管海关提交报告，并报直属海关重新审核；对保税仓库需变更名称、地址、仓库面积(容积)所存货物范围和种类等事项，应报直属海关批准。直属海关批准后报海关总署备案。

(7) 保税仓库无正当理由6个月未经营保税业务的，保税仓库经营企业应当向海关申请终止保税仓储业务。经营企业未申请的，海关注销其注册登记，并收回《保税仓库注册登记证书》。

(8) 保税仓库因其他事由终止保税仓储业务的，由保税仓库经营企业向海关提出申请，经海关核准后，交回《保税仓库注册登记证书》，并办理注销手续。

五、保税仓储货物的通关规则

1. 海关监管限制

海关保税仓储货物的通关制度对货物有以下方面的限制：

(1) 保税储存货物品种的限制

按照规定，转口贸易的烟、酒、易制毒化学品等和由于公共道德、公共秩序、公共安全或公共卫生等方面原因国家明令禁止进口的物品不准存入保税仓库，除此以外，其他进口货物无论是应税货物，还是属于限制进口的货物，均可存入保税仓库，保税仓库货物进境申报时，除易制毒化学品、监控化学品、消耗臭氧层物质等需申领许可证以外免领许可证件。

汽车只能存放于设在国家指定的6个口岸的保税仓库，这6个口岸是大连、天津、上海、皇岗、黄埔、满洲里等。对一家具体的保税仓库而言，只能在海关注册的储存范围内储存进口货物。公用型保税仓库可以储存通关制度中未规定不准存放的一切货物，自用型保税仓库原则上仅能存放与其经营业务相关的货物。

(2) 保税储存货物时间的限制

按照《中华人民共和国海关对保税仓库及所存货物的管理办法》的规定：保税仓库所存货物的储存期限为1年。如因特殊情况需延长储存期限的，应向主管海关申请延期，经海关核准的延长期限最长不能超过1年。所存货物期满超过3个月仍未转为正式进口或复运出口，按《海关法》的规定，由海关提取变卖处理；变卖所得价款在扣除运输、装卸、储存等费用和进口各税后，仍有余款的，自变卖之日起1年内，经货主申请并办理相关进口手续后予以发还，逾期无人申请的，上缴国库。

（3）对保税货物在储存保管中的限制

1）保税仓库应独立设置，专库专用，保税货物不得与非保税货物混放。保税仓库对所存货物应有专人管理，海关认为有必要时将会与仓库管理人员共同加锁。仓库经营人配合海关派员对仓库储存情况进行检查，对海关派员驻库监管，应提供便利。

2）保税仓库所存货物属于海关监管货物，未经海关核准并按规定办理有关手续，仓库经理人及其他任何人均不得擅自出售、提取、交付、调换、抵押、转让或移作他用。

3）货物在仓库储存期间发生短少或灭失，除不可抗力原因外，短少或灭失部分，由保税仓库经理人承担缴纳税款责任，并由海关按有关规定予以处理。

（4）对保税储存货物处置的限制

保税货物在储存期间不得进行加工。但是对由于运输、保管或商业上的需要，在遵守存放规则的前提下，由保税仓库经营人向海关提出申请，经海关同意，并在海关监管下，保税仓库经营人或货主可对货物进行以下处置：

1）为保存货物所必需的搬运和处理。如除尘、防腐、防虫及防潮处理等；

2）改善外观或商业性质的处理。如对货物进行分级、拆零等；

3）改善包装。如将大包装改为小包装，改换中性包装，加刷标记唛码等。

2. 保税仓库进出货物的报关程序

（1）保税仓库货物进口入库

保税仓库储存货物在保税仓库所在地进境时，由货主或其代理人向入境地海关申报，填写“进口货物报关单”，在报关单上加盖“保税仓库货物”戳记，并注明“存入××保税仓库”，经入境地海关查验放行后，货物所有人或其代理人应将货物存入保税仓库，并将两份“进口货物报关单”随货带交保税仓库经营人，保税仓库经营人应在核对报关单上申报进口货物与实际入库货物无误后，在报关单上签收，其中一份报关单连同保税仓库货物入库单据交回海关存查。

货物如在保税仓库所在地以外的口岸进境，则应由货主或其代理人先行办理转关运输手续。货物到达目的地后，货物所有人或其代理人应按上述手续向海关办理进口申报和入库手续。

（2）保税仓库储存货物按出库流向报关

1）转口售出或复运出境，办理出口报关手续。保税仓库储存货物在规定的时间内，复运出境时，货物所有人或其代理人应向保税仓库所在地海关申报，填写“出口货物报关单”并提交进口时经海关签章确认的“进口货物报关单”，经海关核实后予以验放有关货物，或按转关运输管理办法将有关货物监管至出境地海关验放出境。复运出境手续办理后，海关在一份出口货物报关单上加盖印章退还给货物所有人或其代理人，作为保税仓库货物核销依据。如系转关运输出境则另一份报关单封入关封，随货带交出境地海关凭以办理验放出境。

2）转入境内市场销售，办理正式进口报关手续。保税仓库储存货物转为进入国内市场销售时，货物的所有人或其代理人应事先报主管海关核准，并办理正式进口手续。对属于进口管制的货物（如属于实行进口配额、进口许可证管理、机电产品进口管理、特定商品进口管理以及其他进口管理的商品），应向海关交验相应的许可证件，并应按照海关规定视进口货物的不同情况缴纳进口税费，其中对符合特定减免税条件的，海关按照规定给予减免税；

对保修期内免费维修有关进口产品所使用的保修零配件，凭维修报告书也可享受免税待遇。上述手续办理后，海关在进口货物报关单上加盖放行章。其中一份用以向保税仓库提取货物，另一份由保税仓库留存，作为保税仓库核销依据。

3）转为加工贸易提取使用，办理进口保税加工提货手续。对从保税仓库提取货物用于进料加工、来料加工项目加工生产成品复出口时，经营加工贸易的单位，应首先按照进料加工或来料加工的程序办理。即应首先向外经贸主管部门申请加工贸易合同审批——向主管海关申请办理合同登记备案——向海关指定银行申请办理银行保证金台账——主管海关核发《加工贸易登记手册》。

经营加工贸易的单位凭《加工贸易登记手册》，并填写加工贸易专用《进口货物报关单》和《保税仓库领料核准单》，经海关审核后加盖放行章，其中一份凭以到保税仓库提货，另一份保税仓库留存，作为保税仓库核销依据。

4）对运往境内保税区、出口加工区或者调往到其他保税仓库继续实施保税监管的，应向海关办理相应的海关手续。

（3）保税仓库储存货物的定期逐批核销

保税仓库货物应按月向主管海关办理核销。经营单位应在每月的前五天将上月所发生的保税仓库货物的入库、出库、结存等情况列表，并随附经海关签章的进出口货物报关单以及《保税仓库领料核准单》、维修报告书等单证，报送主管海关。

海关对上述单证资料进行审核，必要时，派员到仓库实地核查有关记录和货物结存情况，核实无误后予以核销，并在一份保税仓库报表上加盖印章，退还保税仓库经营单位留存。

六、保税仓库法律责任

1. 保税仓库货物在存储期间发生损毁或者灭失的，除不可抗力外，保税仓库经营人应当向海关缴纳损毁、灭失货物的税款，并承担相应的法律责任。

2. 保税仓库存储货物在保税仓库内存储期满，未及时向海关申请延期或者延长期届满后，既不复运出境也不转为进口的，海关按照有关规定提取变卖处理。

3. 海关在保税仓库设立、变更、注册后，发现原申请材料不完整或者不准确的，应当责令经营企业限期补正，发现企业有隐瞒真实情况、提供虚假材料等违法情形的依法予以处罚。

4. 保税仓库经营企业有下列行为之一的，海关责令其改正，可以给予警告，或者处1万元以下的罚款；有违法所得的，处违法所得3倍以下的罚款，但最高不得超过3万元：

（1）未经海关批准，在保税仓库擅自存放非保税货物的；

（2）私自设立保税仓库分库的；

（3）保税仓库管理混乱，账目不清的；

（4）经营事项发生变更，未按照规定申请办理变更手续的；

（5）对其他违法行为，海关按照《海关法》《海关行政处罚实施条例》的有关规定进行行政处罚。构成犯罪的，依法追究刑事责任。

【案例讨论】

某起重设备公司于2001年5月至2004年6月期间在未经海关同意并办理相关海关手续

的情况下，将该公司12本手册项下的保税成品61T轨道式集装箱龙门起重机6台、轮胎式集装箱龙门起重机7台、集装箱重箱正面吊18台和空箱堆高机35台分别转卖到天津、连云港、武汉、温州、上海等地的国内公司。同时，当事人还在2004年1月19日和4月29日，以一般贸易方式分别向海关申报出口集装箱重箱正面吊各1台，经查，此正面吊是海关进料加工手册项下进口料件加工制成。在2002年1月9日，当事人以进料料件内销贸易方式向漳州海关申报进口7台龙门吊，销售给宁波港务集团公司，当事人在向海关申报进口时，低报41项保税料件价格。该案案值人民币9 587.9万元，漏缴税款达1 923.9万元人民币。因此该企业被海关责令补缴税款人民币1 923.9万元，罚款人民币874万元整。

本案涉及海关总署令第105号文件《中华人民共和国海关对保税仓库及所存货物的管理规定》中第二十二条："保税仓储货物可以进行包装、分级分类、加刷唛码、分拆、拼装等简单加工，不得进行实质性加工。保税仓储货物，未经海关批准，不得擅自出售、转让、抵押、质押、留置、移作他用或者进行其他处置。"

问题：

保税货物进出保税仓库的要求有哪些？保税仓库经营企业违反海关总署令第105号文件应承担什么法律责任？

思考与练习

一、判断题

1. 公用保税仓库由主营仓储业务的中国境内独立企业法人经营，专门向社会提供保税仓储服务，其面积最低为2 000米²。（　　）

2. 保管人有对入库货物进行验收的义务，保管人和存货人应当在合同中对入库货物的验收问题作出约定。验收问题的主要内容有三项：一是验收项目；二是验收方法；三是验收期限。（　　）

3. 在仓储物有变质、损坏或者有变质、损坏的危险时，保管人负有及时通知存货人或者仓单持有人的义务，即使它是货物本身的性质造成的。（　　）

4. 存货人应当明确告知仓库保管人危险货物或易变质货物的《国际危规》编号，由保管人查阅该货物性质。（　　）

5. 保管人必须要经存货人的同意才能对变质货物或其他损坏货物进行处置。（　　）

6. 仓单的存货人与保管人进行货物交接的单证，不具有流通性。（　　）

二、多选题

1. 按现行海关规定，（　　）货物可允许存入保税仓库。

A. 由境内有经营权的外贸企业购买进口的进料加工业务备用料件

B. 供应国际航行船舶的燃料和零配件

C. 以寄售方式进口，用于进口机电产品维修业务的维修零配件

D. 转口港澳的烟酒

2. （　　）说法是正确的。

A. 转让时只需交付仓单，持有人即可凭此单提取货物

B. 仓储合同可以适用保管合同的有关规定

C. 仓储合同原则上既可以有偿，也可以无偿

D. 仓储保管人可以按约定不返还原物而返还相同种类、品质、数量的物品

3. 仓储合同中，保管人的义务有（　）。

A. 给付仓单的义务　　B. 对货物异状的通知义务

C. 催告义务　　D. 返还货物的义务

三、简答题

1. 在对外贸易中，建立海关监管下的保税仓库具有多方面的优越性。主要有哪几个方面？

2. 简述仓储合同的订立与内容。

3. 简述仓储合同双方当事人的权利和义务。

四、实训题

由教师收集若干仓储实例，由同学们根据当事人的权利与义务，参照仓储合同示范文本，拟定一份具体的仓储合同。

存货方（甲方）名称：________________

地址：________________

邮政编码：________　电话：________

法定代表人：________　职务：________

保管方（乙方）名称：________________

地址：________________

邮政编码：________　电话：________

法定代表人：________　职务：________

根据《中华人民共和国合同法》的有关规定，存货方和保管方根据委托储存计划和仓储容量，经双方协商一致，签订本合同。

第一条　储存货物的品名、品种、规格、数量、质量

1. 货物品名：

2. 品种规格：

3. 数量：

4. 质量：

第二条　货物包装

1. 存货方负责货物的包装，包装标准按国家或专业标准规定执行（没有以上标准的，在保证运输和储存安全的前提下，由合同当事人议定）。

2. 包装不符合国家或合同规定，造成货物损坏、变质的，由存货方负责。

第三条　保管方法（根据有关规定进行保管，或者根据双方协商方法进行保管）

第四条　保管期限自____年____月____日至____年____月____日止。

第五条　验收项目和验收方法

1. 存货方应当向保管方提供必要的货物验收资料，如未提供必要的货物验收资料或提供的资料不齐全、不及时，所造成的验收差错及贻误索赔期或者发生货物品种、数量、质量

不符合合同规定时，保管方不承担赔偿责任。

2. 保管方应按照合同规定的包装外观、货物品种、数量和质量，对入库货物进行验收，如果发现入库货物与合同规定不符，应及时通知存货方。保管方未按规定的项目、方法和期限验收，或验收不准确而造成的实际经济损失，由保管方负责。

3. 验收期限为____天（国内货物不超过 10 天，国外到货不超过 30 天），超过验收期限所造成的损失由保管方负责。货物验收期限，是指货物和验收资料全部送达保管方之日起，至验收报告送出之日止。日期均以运输或邮电部门的戳记或直接送达的签收日期为准。

第六条 入库和出库的手续：按照有关入库、出库的规定办理（如无规定，按双方协议办理）。入库和出库时，双方代表或经办人都应在场，检验后的记录要由双方代表或经办人签字。该记录视为合同的有效组成部分，当事人双方各保存一份。

第七条 损耗标准和损耗处理：按照有关损耗标准和损耗处理的规定办理（如无规定，按双方协议办理）。

第八条 费用负担、结算办法

第九条 违约责任

一、保管方的责任

1. 由于保管方的责任，造成退仓或不能入库时，应按合同规定赔偿存货方运费和支付违约金。

2. 对危险物品和易腐货物，不按规程操作或妥善保管，造成毁损的，负责赔偿损失。

3. 货物在储存期间，由于保管不善而发生货物灭失、短少、变质、污染、损坏的，负责赔偿损失。如属包装不符合合同规定或超过有效储存期而造成货物损坏、变质的，不负赔偿责任。

4. 由保管方负责发运的货物，不能按期发货，赔偿存货方逾期交货的损失；错发到货地点，除按合同规定无偿运到规定的到货地点外，并赔偿存货方因此而造成的实际损失。

二、存货方的责任

1. 易燃、易爆、有毒等危险物品和易腐物品，必须在合同中注明，并提供必要的资料，否则造成货物毁损或人身伤亡，由存货方承担赔偿责任直至由司法机关追究刑事责任。

2. 存货方不能按期存货，应偿付保管方的损失。

3. 超议定储存量储存或逾期不提时，除交纳保管费外，还应偿付违约金。

三、违约金和赔偿方法

1. 违反货物入库计划的执行和货物出库的规定时，当事人必须向对方交付违约金。违约金的数额，为违约所涉及的那一部分货物的 3 个月保管费（或租金）或 3 倍的劳务费。

2. 因违约使对方遭受经济损失时，如违约金不足抵偿实际损失，还应以赔偿金的形式补偿其差额部分。

3. 前述违约行为，给对方造成损失的，一律赔偿实际损失。

4. 赔偿货物的损失，一律按照进货价或国家批准调整后的价格计算；有残值的，应扣除其残值部分或残件归赔偿方，不负责赔偿实物。

第十条 不可抗力

由于不能预见并且对其发生和后果不能防止或避免的不可抗力事故，致使直接影响合同的履行或者不能按约定的条件履行时，遇有不可抗力事故的一方，应立即将事故情况电报通知对方，并应在7天内，提供事故详情及合同不能履行、或者部分不能履行、或者需要延期履行理由的有效证明文件。

第十一条　其他约定

保管方：　　　　　　　　　　　　　　存货方：

代表人：　　　　　　　　　　　　　　代表人：

年　月　日　　　　　　　　　　　　　年　月　日

第四章

物流运输法律法规

第一节　公路运输法律法规

物流企业进行公路运输要受到相应的道路法律法规的约束，其中《汽车货物运输规则》的内容基本涵盖了与道路交通有关的各种汽车货物运输当事人的合法权益的规定，能明确承运人、托运人、收货人、货物运输代办人、站场经营人等各有关方的权利、义务和责任，维护正常的道路货物运输秩序，因此本课题主要介绍《汽车货物运输规则》的内容。

《汽车货物运输规则》第4条规定：承运人、托运人、货运代办人在签订和履行汽车货物运输合同时，应遵守国家法律和有关的运输法规、行政规章。因此汽车货物运输时还应遵守其他相关法律法规，主要包括《合同法》、《中华人民共和国道路交通安全法》（以下简称《道路交通安全法》）以及《道路运输条例》等。

一、《汽车货物运输规则》概述

中华人民共和国交通部于1999年11月15日发布交通部1999年第5号令，规定《汽车货物运输规则》已于1999年11月2日经第11次部长办公会议通过，该规则自2000年1月1日起施行。

1.《汽车货物运输规则》的适用范围

《汽车货物运输规则》第2条规定："在中华人民共和国境内从事营业性汽车货物运输及相关的货物搬运装卸、汽车货物运输服务等活动，应遵守本规则。除法律、法规另有规定外，汽车运输与其他运输方式实行货物联运的适用本规则。拖拉机及其他机动车、非机动车辆从事货物运输的，可参照本规则执行。"

2.《汽车货物运输规则》有关概念界定

《汽车货物运输规则》对下列概念作出明确界定。

（1）承运人，是指使用汽车从事货物运输并与托运人订立货物运输合同的经营者。本课题所指承运人均为汽车承运人。

（2）托运人，是指与承运人订立货物运输合同的单位和个人。

（3）收货人，是指货物运输合同中托运人指定提取货物的单位和个人。

（4）货物运输代办人（以下简称货运代办人），是指以自己的名义承揽货物并分别与托运人、承运人订立货物运输合同的经营者。

（5）站场经营人，是指在站、场范围内从事货物仓储、堆存、包装、搬运装卸等业务的经营者。

（6）运输期限，是由承托双方共同约定的货物起运、到达目的地的具体时间。未约定运输期限的，从起运日起，按 200 千米为 1 日运距，用运输里程除每日运距，计算运输期限。

（7）承运责任期间，是指承运人自接受货物起至将货物交付收货人（包括按照国家有关规定移交给有关部门）止，货物处于承运人掌管之下的全部时间。本条规定不影响承运人与托运人就货物在装车前和卸车后对承担的责任达成的协议。

（8）搬运装卸，是指货物运输起讫两端利用人力或机械将货物装上、卸下车辆，并搬运到一定位置的作业。人力搬运距离不超过 200 米，机械搬运不超过 400 米（站、场作业区内货物搬运除外）。

3. 汽车货物运输的类别

（1）零担货物运输

托运人一次托运货物计费重量 3 吨及以下的，为零担货物运输。

（2）整批货物运输

托运人一次托运货物计费重量 3 吨以上或不足 3 吨，但其性质、体积、形状需要一辆汽车运输的，为整批货物运输。

（3）大型特型笨重物件运输

因货物的体积、重量的要求，需要大型或专用汽车运输的，为大型特型笨重物件运输。

（4）集装箱汽车运输

采用集装箱为容器，使用汽车运输的，为集装箱汽车运输。

（5）特快件货物运输

在规定的距离和时间内将货物运达目的地的，为快件货物运输；应托运人要求，采取即托即运的，为特快件货物运输。

（6）危险货物汽车运输

承运《危险货物品名表》列名的易燃、易爆、有毒、有腐蚀性、有放射性等危险货物和虽未列入《危险货物品名表》但具有危险货物性质的新产品，为危险货物汽车运输。

（7）出租汽车货运

采用装有出租营业标志的小型货运汽车，供货主临时雇用，并按时间、里程和规定费率收取运输费用的，为出租汽车货运。

（8）搬家货物运输

为个人或单位搬迁提供运输和搬运装卸服务，并按规定收取费用的，为搬家货物运输。

二、汽车货物运输合同的订立、履行、变更和解除

1. 汽车货物运输合同的订立

汽车货物运输合同是指托运人与承运人之间或托运人与货运代办人（以承运人身份）之间或货运代办人（以托运人身份）与承运人之间签订的明确相互权利与义务的协议。汽车货物运输合同可以采用书面形式、口头形式和其他形式。书面形式合同种类分为一次性运输合同、定期运输合同和道路货物运单（以下简称运单）。汽车货物运输合同由承运人和托运人本着平等、自愿、公平、诚实、信用的原则签订。

（1）定期运输合同

定期运输合同是承运人、托运人、货运代办人之间在商定的时期内用汽车将货物分批量地由起运地运至目的地的汽车货物运输合同。定期汽车货物运输合同应包含下列基本内容：

1）托运人、收货人和承运人的名称（姓名）、地址（住所）、电话、邮政编码。

2）货物的种类、名称、性质。

3）货物重量、数量或月、季、年度货物批量。

4）起运地、到达地。

5）运输质量。

6）合同期限。

7）装卸责任。

8）货物价值，是否保价、保险。

9）运输费用的结算方式。

10）违约责任。

11）解决争议的方法。

（2）一次性运输合同

一次性运输合同是指承运人与托运人之间签订的一次性将货物由起运地运至目的地的汽车货物运输合同。一次性运输合同应包含以下基本内容：

1）托运人、收货人和承运人的名称（姓名）、地址（住所）、电话、邮政编码。

2）货物名称、性质、重量、数量、体积。

3）装货地点、卸货地点、运距。

4）货物的包装方式。

5）承运日期和运到期限。

6）运输质量。

7）装卸责任。

8）货物价值，是否保价、保险。

9）运输费用的结算方式。

10）违约责任。

11）解决争议的方法。

（3）汽车货物运输的运单

承运人、托运人和货运代办人签订定期运输合同、一次性运输合同时，运单视为货物运输合同成立的凭证。在每车次或短途每日多次货物运输中，运单视为合同。

汽车货物运输合同自双方当事人签字或盖章时成立。当事人采用信件、数据电文等形式订立合同的，可以要求签订确认书，签订确认书时合同成立。运单应按以下要求填写：

1）准确表明托运人和收货人的名称（姓名）和地址（住所）、电话、邮政编码。

2）准确表明货物的名称、性质、件数、重量、体积以及包装方式。

3）准确表明运单中的其他有关事项。

4）一张运单托运的货物，必须是同一托运人、收货人。

5）危险货物与普通货物以及性质相互抵触的货物不能用一张运单。

6）托运人要求自行装卸的货物，经承运人确认后，在运单内注明。

7）应使用钢笔或圆珠笔填写，字迹清楚内容准确，需要更改时，必须在更改处签字盖章。托运的货物品种不能在一张运单内逐一填写的，还应填写“货物清单”。

未签订定期运输合同或一次性运输合同的，托运人应按上述要求填写运单；已签订定期运输合同或一次性运输合同的，运单由承运人按上述规定填写，但运单托运人签字盖章处填写合同序号。

2. 汽车货物运输合同双方的义务

（1）托运人的义务

1）托运人应该按照合同的约定支付运费。

2）托运的货物名称、性质、件数、质量、体积、包装方式等，应与运单记载内容相符。

3）按照国家有关部门规定需办理准运或审批、检验等手续的货物，托运人托运时应将准运证或审批文件提交承运人，并随货同行。如果托运人委托承运人向收货人代递有关文件时，应在运单中注明文件名称和份数。

4）托运的货物中，不得夹带危险货物、贵重货物、鲜活货物和其他易腐货物、易污染货物、货币、有价证券以及政府禁止或限制运输的货物等。

5）托运货物的包装，应当采用双方约定的方式。没有约定或者约定不明确的，可以协议补充；不能达成补充协议的，按照通用的方式包装，没有通用方式的，应在足以保证运输、搬运装卸作业安全和货物完好的原则下进行包装。依法应当执行特殊包装标准的，按照规定执行。

6）托运人应根据货物性质和运输要求，按照国家规定，正确使用运输标志和包装储运图示标志。使用旧包装运输货物，托运人应将包装上与本批货物无关的运输标志、包装储运图示标志清除干净，并重新标明制作标志。

7）托运特种货物，托运人应按以下要求，在运单中注明运输条件和特约事项：

①托运需冷藏保温的货物，托运人应提出货物的冷藏温度和在一定时间内的保持温度要求。

②托运鲜活货物，托运人应提供最长运输期限及途中管理、照料事宜的说明书。货物允许的最长运输期限应大于汽车运输能够达到的期限。

③托运危险货物，按交通运输部《汽车危险货物运输规则》办理。

④托运采用集装箱运输的货物，按交通运输部《集装箱汽车运输规则》办理。

⑤托运大型特型笨重物件，应提供货物性质、重量、外廓尺寸及对运输要求的说明书，承运前承托双方应先查看货物和运输现场条件，需排障时由托运人负责或委托承运人办理，运输方案商定后办理运输手续。

8）运输途中需要饲养、照料的有生物、植物，尖端精密产品、稀有珍贵物品、文物、军械弹药、有价证券、重要票证和货币等，托运人必须派人押运。大型特型笨重物件、危险货物、贵重和个人搬家物品，是否派人押运，由承托双方根据实际情况约定。除上述规定的货物外，托运人要求押运时，需经承运人同意。

需派人押运的货物，托运人在办理货物托运手续时，应在运单上注明押运人员姓名及必要情况。押运人员每车一人，托运人需增派押运人员，在符合安全规定的前提下，征得承运人的同意，可适当增加。押运人员须遵守运输和安全规定。押运人员在运输过程中负责货物的照料、保管和交接；如发现货物出现异常情况，应及时作出处理并告知车辆驾驶人员。

（2）承运人的义务

1）承运人应根据承运货物的需要，按货物的不同特性，提供技术状况良好、经济适用的车辆，并能满足所运货物重量的要求。使用的车辆、容器应做到外观整洁，车体、容器内干净无污染物、残留物。承运特种货物的车辆和集装箱运输车辆，需配备符合运输要求的特殊装置或专用设备。

2）承运人受理整批或零担货物时，应根据运单记载货物名称、数量、包装方式等，核对无误，才能办理交接手续。发现与运单填写不符或可能危及运输安全的，不得办理交接手续。

3）承运人应当根据受理货物的情况，合理安排运输车辆，货物装卸重量以车辆额定吨位为限，轻泡货物以折算重量装卸，不得超过车辆额定吨位和有关长、宽、高的装卸规定。

4）承运人应与托运人约定运输路线。起运前运输路线发生变化必须通知托运人，并按最后确定的路线运输。承运人未按约定的路线运输增加的运输费用，托运人或收货人可以拒绝支付增加部分的运输费用。

5）货物运输中，在与承运人非隶属关系的货运站场进行货物仓储、装卸作业，承运人应与站场经营人签订作业合同。

6）运输期限由承托双方共同约定后应在运单上注明。承运人应在约定的时间内将货物运达。零担货物按批准的班期时限运达，快件货物按规定的期限运达。

7）整批货物运抵前，承运人应当及时通知收货人做好接货准备；零担货物运达目的地后，应在 24 小时内向收货人发出到货通知或按托运人的指示及时将货物交给收货人。

8）车辆装载有毒、易污染的货物卸载后，承运人应对车辆进行清洗和消毒。因货物自身的性质，应托运人要求，需对车辆进行特殊清洗和消毒的，由托运人负责。

9）承运人受理凭证运输或需有关审批、检验证明文件的货物后，应当在有关文件上注明已托运货物的数量、运输日期，加盖承运章并随货同行，以备查验。

3. 汽车货物运输合同的变更和解除

在承运人未将货物交付收货人之前，物流企业作为托运人可以要求承运人中止运输、返还货物、变更到达地或者将货物交付给其他收货人，但需要赔偿承运人因此受到的损失。凡发生下列情况之一者，允许变更和解除：

（1）由于不可抗力使运输合同无法履行。

（2）由于合同当事人一方的原因，在合同约定的期限内确实无法履行运输合同。

（3）合同当事人违约，使合同的履行成为不可能或不必要。

（4）经合同当事人双方协商同意解除或变更，但承运人提出解除运输合同的，应退还已收的运费。

货物运输过程中，因不可抗力造成道路阻塞导致运输阻滞，承运人应及时与托运人联系，协商处理，发生货物装卸、接运和保管费用按以下规定处理：

（1）接运时，货物装卸、接运费用由托运人负担，承运人收取已完成运输里程的运费，退回未完成运输里程的运费。

（2）回运时，收取已完成运输里程的运费，回程运费免收。

（3）托运人要求绕道行驶或改变到达地点时，收取实际运输里程的运费。

（4）货物在受阻处存放，保管费用由托运人负担。

三、货物的搬运装卸与交接

1. 货物的搬运装卸

（1）货物搬运装卸由承运人或托运人承担，可在货物运输合同中约定。承运人或托运人承担货物搬运装卸后，委托站场经营人、搬运装卸经营者进行货物搬运装卸作业的，应签订货物搬运装卸合同。

（2）搬运装卸人员应对车厢进行清扫，发现车辆、容器、设备不适合装货要求，应立即通知承运人或托运人。

（3）搬运装卸作业应当轻装轻卸，堆码整齐；清点数量；防止混杂、撒漏、破损；严禁有毒、易污染物品与食品混装，危险货物与普通货物混装。

（4）对性质不相抵触的货物，可以拼装、分卸。

（5）搬运装卸过程中，发现货物包装破损，搬运装卸人员应及时通知托运人或承运人，并做好记录。

（6）搬运装卸危险货物，按交通运输部《汽车危险货物运输、装卸作业规程》进行作业。

（7）货物在搬运装卸中，承运人应当认真核对装车的货物名称、重量、件数是否与运单上记载相符，包装是否完好。包装轻度破损，托运人坚持要装车起运的，应征得承运人的同意，承托双方需做好记录并签章后，方可运输，由此而产生的损失由托运人负责。

（8）搬运装卸作业完成后，货物需绑扎苫盖篷布的，搬运装卸人员必须将篷布苫盖严密并绑扎牢固；由承运人、托运人或委托站场经营人、搬运装卸人员编制有关清单，做好交接记录；并按有关规定施加封志和外贴有关标志。

2. 货物的交接

（1）承运人、托运人双方应履行交接手续，包装货物采取件交件收；集装箱重箱及其他施封的货物凭封志交接；散装货物原则上要磅交磅收或采用承托双方协商的交接方式。交接后双方应在有关单证上签字。

（2）货物运达承运人、托运人双方约定的地点后，收货人应凭有效单证提（收）货物，无故拒提（收）货物，应赔偿承运人因此造成的损失。

（3）货物交付时，承运人与收货人应当做好交接工作，发现货损货差，由承运人与收货人共同编制货运事故记录，交接双方在货运事故记录上签字确认。

（4）货物交接时，承运人、托运人双方对货物的重量和内容有质疑，均可提出查验与复磅，查验和复磅的费用由责任方负担。

（5）货物运达目的地后，承运人知道收货人的，应及时通知收货人，收货人应当及时提（收）货物，收货人逾期提（收）货物的，应当向承运人支付保管费等费用。收货人不明或者收货人无正当理由拒绝受领货物的，依照《合同法》第101条的规定，承运人可以提存货物。

四、汽车货物运输责任的划分

1. 托运人的责任

（1）未按合同规定的时间和要求，备好货物和提供装卸条件以及货物运达后无人收货或拒绝收货，而造成承运人车辆放空、延滞及其他损失，应负赔偿责任。

（2）因托运人下列过错，造成承运人、站场经营人、搬运装卸经营人的车辆、机具、设备等损坏、污染或人身伤亡以及因此而引起的第三方的损失，由托运人负责赔偿。

1）在托运的货物中有故意夹带危险货物和其他易腐蚀、易污染货物以及禁、限运货物等行为。

2）错报、匿报货物的重量、规格、性质。

3）货物包装不符合标准，包装、容器不良，而从外部无法发现。

4）错用包装、储运图示标志。

（3）托运人不如实填写运单，错报、误填货物名称或装卸地点，造成承运人错送、装货落空以及由此引起的其他损失，托运人应负赔偿责任。

2. 承运人的责任

（1）承运人未按约定的期限将货物运达，应负违约责任；因承运人责任将货物错送或错交，应将货物无偿运到指定的地点，交给指定的收货人。

（2）承运人未遵守承托双方商定的运输条件或特约事项，由此造成托运人的损失，应负赔偿责任。

（3）货物在承运责任期间内，发生毁损或灭失，承运人应当负赔偿责任。承运责任期间，是指承运人自接受货物起至将货物交付收货人止，货物处于承运人掌管之下的全部时间。托运人还可以与承运人就货物在装车前和卸车后对承担的责任另外达成协议。但有下列情况之一，承运人举证后可不负赔偿责任：

1）不可抗力。

2）货物本身的自然性质变化或者合理损耗。

3）包装内在缺陷，造成货物受损。

4）包装体外表面完好而内装货物毁损或灭失。

5）托运人违反国家有关法令，致使货物被有关部门查扣、弃置或作其他处理。

6）押运人员责任造成的货物毁损或灭失。

7）托运人或收货人过错造成的货物毁损或灭失。

3. 站场经营人责任

货物在站、场存放期间内，发生毁损或灭失，站场经营人应负赔偿责任。但有下列情况之一的，站场经营人举证后可不负赔偿责任：

（1）不可抗力。

（2）货物本身的自然性质变化或者合理损耗。

（3）包装内在缺陷，造成货物受损。

（4）包装体外表面完好而内装货物毁损或灭失。

（5）托运人违反国家有关法令，致使货物被有关部门查扣、弃置或作其他处理。

（6）押运人员责任造成的货物毁损或灭失。

（7）托运人或收货人过错造成的货物毁损或灭失。

4. 其他汽车货物运输关系人的责任

货运代办人以承运人身份签署运单时，应承担承运人责任，以托运人身份托运货物时，应承担托运人的责任。搬运装卸作业中，因搬运装卸人员过错造成货物毁损或灭失，站场经营人或搬运装卸经营者应负赔偿责任。

五、货运事故和违约处理

1. 货运事故和违约处理注意事项

货运事故是指货物运输过程中发生货物毁损或灭失。处理注意事项如下：

（1）货运事故和违约行为发生后，承托双方及有关方应编制货运事故记录。货运事故发生后，承运人应及时通知收货人或托运人。收货人、托运人知道发生货运事故后，应在约定的时间内，与承运人签注货运事故记录。收货人、托运人在约定的时间内不与承运人签注货运事故记录的，或者无法找到收货人、托运人的，承运人可邀请 2 名以上无利害关系的人签注货运事故记录。

（2）货物运输途中，发生交通肇事造成货物损坏或灭失，承运人应先行向托运人赔偿，再由其向肇事的责任方追偿。由托运人直接委托站场经营人装卸货物造成货物损坏的，由站场经营人负责赔偿；由承运人委托站场经营人组织装卸的，承运人应先向托运人赔偿，再向站场经营人追偿。

（3）货运事故处理过程中，收货人不得扣留车辆，承运人不得扣留货物。由于扣留车、货而造成的损失，由扣留方负责赔偿。当事人要求另一方当事人赔偿时，须提出赔偿要求书，并附运单、货运事故记录和货物价格证明等文件。要求退还运费的，还应附运杂费收据。另一方当事人应在收到赔偿要求书的次日起，60 日内作出答复。

2. 货运事故赔偿数额和违约金

（1）货运事故赔偿数额

1）货运事故赔偿分限额赔偿和实际损失赔偿两种。法律、行政法规对赔偿责任限额有规定的，依照其规定；尚未规定赔偿责任限额的，按货物的实际损失赔偿。

2）在保价运输中，货物全部灭失，按货物保价声明价格赔偿；货物部分毁损或灭失，按实际损失赔偿；货物实际损失高于声明价格的，按声明价格赔偿；货物能修复的，按修理费加维修取送费赔偿。保险运输按投保人与保险公司商定的协议办理。

3）未办理保价或保险运输的，且在货物运输合同中未约定赔偿责任的，按本条第一项的规定赔偿。

4）货物损失赔偿费包括货物价格、运费和其他杂费。货物价格中未包括运杂费、包装费以及已付的税费时，应按承运货物的全部或短少部分的比例加算各项费用。

5）货物毁损或灭失的赔偿额，当事人有约定的，按照其约定，没有约定或约定不明确的，可以补充协议，不能达成补充协议的，按照交付或应当交付时货物到达地的市场价格计算。

6）由于承运人责任造成货物灭失或损失，以实物赔偿的，运费和杂费照收；按价赔偿的，退还已收的运费和杂费；被损货物尚能使用的，运费照收。

7）丢失货物赔偿后，又被查回，应送还原主，收回赔偿金或实物；原主不愿接受失物或无法找到原主的，由承运人自行处理。

8）承托双方对货物逾期到达，车辆延滞，装货落空都负有责任时，按各自责任所造成的损失相互赔偿。

（2）承运人或托运人发生违约行为，应向对方支付违约金。违约金的数额由承托双方约定。对承运人非故意行为造成货物迟延交付的赔偿金额，不得超过所迟延交付的货物全程运费数额。

3. 货物赔偿时效

货物赔偿时效从收货人、托运人得知货运事故信息或签注货运事故记录的次日起计算。在约定运达时间的30日后未收到货物，视为灭失，自31日起计算货物赔偿时效。未按约定的或规定的运输期限内运达交付的货物，为迟延交付。

4. 货运事故和违约处理争议的解决方式

承运人、托运人、收货人及有关方在履行运输合同或处理货运事故时，发生纠纷、争议，应及时协调解决或向县级以上人民政府交通主管部门申请调解；当事人不愿和解、调解或者和解、调解不成的，可依仲裁协议向仲裁机构申请仲裁；当事人没有订立仲裁协议或仲裁协议无效的，可以向人民法院起诉。

【案例讨论】

案例 1. 2006年1月18日，佳华公司员工赵某与东南货运部老板田某签订了一份运输协议将价值45万余元的电子系统运往广东。填写托运单时，赵某将地址误写为“佳强”并付了200元运输费。到了3月，佳华公司得知，广东方面没有收到货物。赵某去问田某，被告知，“货物在运输过程中丢失了，可按运输合同协议的约定予以赔偿”。但佳华公司觉得，这样的赔偿太轻了，遂于当年8月24日，一纸诉状将东南货运部田某告上法庭。

在法庭上，佳华公司诉称：田某签发了托运单，并收取托运费用，现在价值45万余元的货物丢失了，托运方田某要赔偿全部损失。但田某的回答却令人意外。

田某称，他根本不知佳华公司托运的事，只是在1月18日给“佳强”公司的赵某托运过电器。为证明自己的说法，田某向法院出示了住址为佳强公司的赵某签订的托运单，托运人一栏确无佳华公司。田某只承认与佳强公司有运输合同，对佳华公司的起诉不予认同，请求法院依法驳回原告的起诉。

原来，佳强、佳华公司均位于武进区某镇同一村上，据了解，作为佳华公司的员工，赵某曾多次代表公司委托田某的公司向广东托货。托运人一栏，赵某有时写自己的名字，有时写“佳华”或“佳华电器”。鬼使神差，这一次，赵某居然填了个“佳强公司”。经审理，法院作出一审判决：驳回佳华公司的起诉。佳华公司不服，向常州中级法院上诉。二审裁定，驳回上诉，维持原判。

问题：

运单的内容有哪些？运单填写应注意哪些事项？

案例 2. 2007年11月初，宁波市甲公司将10吨海鲜共300件交付给某货运公司运输至杭州，收货人为杭州乙公司，运输方式为一次性整车运输。货交承运人时由托运人搬装到冷冻箱，承运人收取了运费及其他费用，但承运人未严格按货运清单清点货物件数。该货物到达卸车后，经清点短少50件，于是乙公司向承运人提出赔偿要求。承运人答复，货物到目的地时车体良好，冷冻箱也没有开封过，说明承运人没搬卸过，对件数不足无任何责任，表示不予赔偿。于是乙公司于2008年2月诉至法院，诉称：本公司与被告承运人之间货物运输关系依法成立，承运人负有保证货物安全到达的义务，而货物在到达目的地交货时清点短少50件，赔偿责任应由承运人承担。

问题：

汽车运输承运人的赔偿责任有哪些？

第二节　铁路运输法律法规

铁路是现代社会的主要运输工具之一，由于铁路运输具有成本低、运输量大、运输安全性高等特点而受到物流企业的青睐。不过除极个别物流企业拥有自己的铁路自备车可以自己进行铁路运输外，绝大多数物流企业在组织铁路运输时都只能与铁路部门合作，与铁路承运人签订铁路货物运输合同，而由铁路承运人来完成运输。铁路运输要受到国家有关法律法规的制约，本课题主要介绍《铁路货物运输合同实施细则》，个别条款会涉及《铁路法》《合同法》《铁路货物运输规程》等。

一、铁路货物运输合同的签订及其内容

托运人利用铁路运输货物，应与承运人签订货物运输合同。铁路货物运输合同，应按照优先运输国家指令性计划产品，兼顾指导性计划产品和其他物资的原则，根据国家下达的产品调拨计划、铁路运输计划和铁路运输能力签订。在签订国家指令产品运输合同中，如不能达成一致意见，可逐级报请双方上级主管综合部门处理。其他货物运输，由托运人与承运人协商签订货物运输合同。

1. 大宗物资和整车大宗物资运输合同的运输，有条件的可按年度、半年度或季度签订货物运输合同，也可以签订更长期限的运输合同；其他整车货物运输，应按月签订运输合同。按月度签订的运输合同，可以用月度要车计划表代替。按年度、半年度、季度或月度签订的货物运输合同，经双方在合同上签认后，合同即告成立。托运人在交运货物时，还应向承运人按批提出货物运单，作为运输合同的组成部分。

按年度、半年度、季度或月度签订的货物运输合同，应载明下列基本内容：托运人和收货人名称；发站和到站；货物名称；货物重量；车种和车数；违约责任；双方约定的其他事项。

2. 零担货物和集装箱货物运输合同

零担货物和集装箱货物运输，以货物运单作为运输合同。零担货物和集装箱货物的运输合同，以承运人在托运人提出的货物运单上加盖车站日期戳后，合同即告成立。

货物运单应载明下列内容：托运人、收货人名称及其详细地址；发站、到站及到站的主管铁路局；货物名称；货物包装、标志；件数和重量（包括货物包装重量）；承运日期；运到期限；运输费用；货车类型和车号；施封货车和集装箱的施封号码；双方商定的其他事项。

二、铁路货物运输合同双方的义务

1. 托运人应当承担的义务

（1）按照货物运输合同约定的时间和要求向承运人交付托运的货物。

（2）要如实申报货物的品名、重量和性质。

（3）需要包装的货物，应当按照国家包装标准或部包装标准（专业包装标准）进行包装，没有统一规定包装标准的，要根据货物性质在保证货物运输安全的原则下进行包装，并按国家规定标明包装储运指示标志，笨重货物还应在每件货物包装上标明货物重量。

（4）按规定需要凭证运输的货物，应出示有关证件。

（5）对整车货物，提供装载货物所需的货车装备物品和货物加固材料。

（6）托运人组织装车的货物，装车前应对车厢完整和清洁状态进行检查，并按规定的装载技术要求进行装载，在规定的装车时间内将货物装载完毕或在规定的停留时间内，将货车送至交接地点。

（7）在运输中需要特殊照料的货物，须派人押运。

（8）向承运人交付规定的运输费用。

（9）将领取货物凭证及时交给收货人并通知其向到站领取货物。

（10）货物按保价运输办理时，须提出货物声明价格清单，支付货物保价单，国家规定必须保险的货物，托运人应在托运时投保货物运输险，对于每件价值在 700 元以上的货物或每吨价值在 500 元以上的非成件货物，实行保险与负责运输相结合的补偿制度，托运人可在托运时投保货物运输险，具体办法另行规定。

2. 承运人应当承担的义务

（1）按照货物运输合同约定的时间、数量、车种，拨调状态良好、清扫干净的货车。

（2）在车站公共装卸场所装卸的货物，除特定者外，负责组织装卸。

（3）将承运的货物按照合同规定的期限到站，完整、无损地交给收货人。

（4）对托运人或收货人组织装车或卸车的货物，将货车调到装、卸地点或商定的交接地点。

（5）由承运人组织卸车的货物，向收货人发出到货催领通知。

（6）发现多收运输费用，及时退还托运人或收货人。

3. 收货人应当承担的义务

（1）缴清托运人在发站未交或少交以及运送期间发生的运输费用和由于托运人责任发生的垫款。

（2）及时领取货物，并在规定的免费暂存期限内将货物搬出车站。

（3）收货人组织卸车的货物，应当在规定的卸车时间内将货物卸完或在规定的停留时间内将货车送至交接地点。

（4）由收货人组织卸车的货物，卸车完毕后，应将货车清扫干净并关好门窗、端侧板（特种车为盖、阀），规定需要洗刷消毒的应进行洗刷消毒。

三、铁路货物运输合同的变更和解除

1. 铁路货物运输合同的变更

铁路货物运输合同经双方同意，并在规定的变更范围内可以办理变更。托运人或收货人由于特殊原因，经承运人同意，对承运后的货物可以按批在货物的中途站或到站办理变更到站、变更收货人。但在下列情况下，不得办理：

（1）违反国家法律、行政法规、物资流向或运输限制。

（2）变更后的货物运输期限大于货物容许运送的期限。

（3）对一批货物中的部分货物进行变更。

（4）第二次变更到站。

2. 铁路货物运输合同的解除

承运后发送前托运人可向发站提出取消托运，经承运人同意，货物运输合同即告解除。托运人或收货人要求变更或解除合同时，应提交领货凭证和货物运输变更要求书，不能提交领货凭证时，应提交其他有效证明文件，并在货物运输变更要求书内注明。办理货物运输变更或取消托运，托运人或收货人应按规定支付费用。

四、货物运输期限及无法交付货物的处理

1. 货物运输期限

铁路运输货物，应在规定的运到期限内运至到站。《铁路货物运输规程》第 36 条规定：货物运到期限从承运人承运货物的次日起，按下列规定计算：

（1）货物发送期间为 1 日。

（2）货物运输期间：每 250 运价公里或其未满为 1 日；按快运办理的整车货物每 500 运价公里或其未满为 1 日。

（3）特殊作业时间

1）需要中途加冰的货物，每加冰一次，另加 1 日。

2）运价里程超过 250 公里的零担货物和 1 吨、5 吨型集装箱货物，另加 2 日，超过 1 000 公里加 3 日。

3）一件货物重量超过 2 吨、体积超过 3 立方米或长度超过 9 米的零担货物及零担危险货物另加 2 日。

4）整车分卸货物，每增加一个分卸站，另加 1 日。

5）准、米轨间直通运输的整车货物，另加 1 日。

货物实际运到日数的计算：起算时间从承运人承运货物的次日（指定装车日期的，为指定装车日的次日）起算。终止时间，到站由承运人组织卸车的货物，到卸车完了时止；由收货人组织卸车的货物，到货车调到卸车地点或货车交接地点时止。货物运到期限，起码天数为 3 日。

2. 无法交付货物的处理

货物到达目的站后由于下列原因之一，即被视为无法交付货物：货物单上所列地址无此收货人或收货人地址有误或不详；收货人对货物到达通知不予答复；收货人拒绝提货；收货人拒付应付的费用；或其他原因造成货物无人提取。

承运人在查找不到收货人或收货人拒绝领取货物时，除不宜于长期保管的货物外，从发出催领通知次日起，30 日内或从收货人拒绝领取货物时起 3 日内通知托运人。托运人自接到通知次日起，5 日内提出处理办法答复承运人。超过期限，运输合同仍无法履行时，承运人有权按照有关规定处理。收货人拒绝领取货物的时候，应当出具书面说明。

对于无法交付的货物，《铁路法》第22条规定：“自铁路运输企业发出领取货物通知之日起满30日仍无人领取的货物，或者收货人书面通知铁路运输企业拒绝领取的货物，铁路运输企业应当通知托运人，托运人自接到通知之日起满30日未作答复的，由铁路运输企业变卖；所得价款在扣除保管等费用后尚有余款的，应当退还托运人，无法退还、自变卖之日起180日内托运人又未领回的，上缴国库。自铁路运输企业发出领取通知之日起满90日仍无人领取的包裹或者到站后满90日仍无人领取的行李，铁路运输企业应当公告，公告满90日仍无人领取的，可以变卖；所得价款在扣除保管等费用后尚有余款的，托运人、收货人或者旅客可以自变卖之日起180日内领回，逾期不领回的，上缴国库。对危险物品和规定限制运输的物品，应当移交公安机关或者有关部门处理，不得自行变卖。对不宜长期保存的物品，可以按照国务院铁路主管部门的规定缩短处理期限。”

五、货物运输合同的各方责任、违约处理和索赔

1. 托运人的责任

（1）违约责任

由于下列原因之一，未按货物运输合同履行，按车向承运人偿付违约金50元：

1）未按规定期限提出旬间日历装车计划，致使承运人未拨货车（当月补足者除外），或未按旬间日历装车计划的安排，提出日要车计划。

2）收货人组织卸车的，由于收货人的责任卸车迟延、线路被占用，影响向装车地点配送空车或对指定使用本单位自卸的空车装货，而未完成装车计划。

3）承运前取消运输。

4）临时计划外运输致使承运人违约造成其他运输合同落空者。

（2）损失赔偿责任

由于下列原因之一招致运输工具、设备或第三者的货物损坏，按实际损失赔偿：

1）匿报或错报货物品名或货物重量的。

2）货物包装有缺陷，无法从外部发现，或未按国家规定在货物包装上标明包装储运指示标志的。

3）托运人组织装车的，加固材料不符合规定条件或违反装载规定，在交接时无法发现的。

4）由于押运人过错的。

2. 承运人的责任

（1）违约责任

由于下列原因之一，未按货物运输合同履行，承运人按车向托运人偿付违约金50元：

1）未按旬间日历装车计划及商定的车种、车型配够车辆，但当月补足或改变车种、车型经托运人同意装运者除外。

2）对托运人自装的货车，未按约定的时间送到装车地点，致使不能在当月装完。

3）拨调车辆的完整和清扫状态，不适合所运货物的要求。

4）由于承运人的责任停止装车或使托运人无法按计划将货物搬入车站装车地点。

由于承运人的过错将货物误运到站或误交收货人，应免费运至合同规定的到站，并交给收货人。承运人未按规定的运到期限，将货物运至到站，向收货人偿付货物所收运费5%至

20%的违约金。《铁路货物运输规程》第 37 条规定：货物实际运到日数，超过规定的运到期限时，承运人应按所收运费的百分比，向收货人支付下列数额的违约金（见表 4—1）。

表 4—1　　违约金

<table>
<tr><th>日数运到期限</th><th>1 日</th><th>2 日</th><th>3 日</th><th>4 日</th><th>5 日</th><th>6 日以上</th></tr>
<tr><td>3 日</td><td>15%</td><td colspan="5">20%</td></tr>
<tr><td>4 日</td><td>10%</td><td>15%</td><td colspan="4">20%</td></tr>
<tr><td>5 日</td><td>10%</td><td>15%</td><td colspan="4">20%</td></tr>
<tr><td>6 日</td><td>10%</td><td>15%</td><td>15%</td><td colspan="3">20%</td></tr>
<tr><td>7 日</td><td>10%</td><td>10%</td><td>15%</td><td colspan="3">20%</td></tr>
<tr><td>8 日</td><td>10%</td><td>10%</td><td>15%</td><td>15%</td><td colspan="2">20%</td></tr>
<tr><td>9 日</td><td>10%</td><td>10%</td><td>15%</td><td>15%</td><td colspan="2">20%</td></tr>
<tr><td>10 日</td><td>5%</td><td>10%</td><td>10%</td><td>15%</td><td>15%</td><td>20%</td></tr>
</table>

货物运到期限在 11 日以上，发生运到逾期时，按表 4—2 规定计算违约金。

表 4—2　　违约金

逾期总日数占运到期限天数	违约金
不超过 1/10 时	为运费的 5%
超过 1/10，但不超过 3/10 时	为运费的 10%
超过 3/10，但不超过 5/10 时	为运费的 15%
超过 5/10 时	为运费的 20%

铁路运输企业逾期 30 日仍未将货物、包裹、行李交付收货人或旅客的，托运人、收货人或者旅客有权按货物、包裹、行李灭失向铁路运输企业要求赔偿。

快运货物运到逾期，除依照《快运货物运输办法》规定退还快运费外，货物运输期间，按每 250 运价公里或其未满为 1 日，计算运到期限仍超过时，应依照第 37 条规定，向收货人支付违约金。

超限货物、限速运行的货物、免费运输的货物以及货物全部灭失，承运人不支付违约金。

从承运人发出催领通知的次日起（不能实行催领通知或会同收货人卸车的货物为卸车的次日起），如收货人于 2 日内未将货物领出，即失去要求承运人支付违约金的权利。

货物在运输过程中，由于下列原因之一，造成的滞留时间，应从实际运到日数中扣除：因不可抗力的原因引起的；由于托运人责任致使货物在途中发生换装、整理所产生的；因托运人或收货人要求运输变更所产生的；运输活动物，由于途中上水所产生的；其他非承运人责任发生的。

由于上述原因致使货物发生滞留时，发生货物滞留的车站，应在货物运单“承运人记载事项”栏内记明滞留时间和原因。到站应将各种情况所发生的滞留时间加总，加总后不足 1 日的尾数进整为 1 日。

（2）货损责任

从承运货物时起，至货物交付收货人或依照有关规定处理完毕时止，货物发生灭失、短少、变质、污染或者损坏，承运人按下列规定赔偿。

1）已投保货物运输险的货物，由承运人和保险公司按规定赔偿。

2）保价运输的货物，由承运人按声明价格赔偿，但货物实际损失低于声明价格的按实际损失赔偿。全批货物损失时，最高不超过保价金额；一部分损失时，则按损失货物占全批货物的比例乘以保价金额赔偿。

3）未办理货物运输保险或者保价运输的货物均由承运人按货物的实际损失赔偿，但最高不超过国务院铁路主管部门规定的赔偿限额；如果托运人或收货人证明损失的发生确属承运人的故意行为，则不适用赔偿限额的规定，承运人除按规定赔偿实际损失外，由合同管理机关处其造成损失部分10%至50%的罚款。

《铁路货物运输规程》第56条规定："不保价运输的，不按件数只按重量承运的货物，每吨最高赔偿100元，按件数和重量承运的货物，每吨最高赔偿2 000元；个人托运的搬家货物、行李每10公斤最高赔偿30元，实际损失低于上述赔偿限额的，按货物实际损失的价格赔偿。"《铁路货物运输规程》附件四《货物运单和货票印制说明》规定：个人托运的物品（如搬家货物、行李），分为保价运输和不保价运输两种，由托运人选定。发生货损、货差时，保价运输的，按保价运输有关规定赔偿；不保价运输的，每重10公斤（不满10公斤按10公斤计算），最多赔偿人民币30元，实际损失低于这个标准的，按货物实际损失的价格赔偿。

托运人或者旅客根据自愿，可以办理保价运输，也可以办理货物运输保险；还可以既不办理保价运输，也不办理货物运输保险。不得以任何方式强迫办理保价运输或者货物运输保险。

（3）承运人免责事由

由于下列原因之一造成的货物灭失、短少、变质、污染、损坏，承运人不负赔偿责任：不可抗力；货物本身性质引起的碎裂、生锈、减量、变质或自燃等；国家主管部门规定的货物合理损耗；托运人、收货人或所派押运人的过错。

3. 收货人责任

收货人拥有收货和支付费用的责任。货物到站后，收货人应当按照国务院铁路主管部门规定的期限及时领取，并支付托运人未付或者少付的运费和其他费用；逾期领取的，收货人或者旅客应当按照规定交付保管费。

由于收货人原因招致运输工具、设备或第三者的货物损坏，由收货人按实际损失赔偿。

4. 承运人或托运人的共同免责事由

货物运输合同遇有下列情况，承运人或托运人免除责任：

（1）因不可抗力或铁路发生重大事故影响排空送车，企业发生重大事故以及停电影响装车，超过24小时。

（2）根据国家和省、自治区、直辖市的主管行政机关的书面要求停止装车时。

（3）由于组织轻重配装或已完成货物吨数而未完成车数时。

（4）由于海运港口、国境口岸站车辆积压堵塞，不能按计划接车而少装时。同时，货物在运输过程中，承运人与托运人或收货人对于符合条件的款项享有互不赔偿的权利。《铁路货物运输规程》第55条规定："承运人同托运人或收货人间所发生赔偿或退补费用以及违约金的款额，每批货物不满5元（零担货为每批不满1元）互不赔偿、退补、支付或核收。但个人托运的搬家货物、行李的赔偿、退补、支付或核收费用，不受以上规定款额的限制。"

5. 索赔时效

承运人同托运人或收货人相互间要求赔偿或退补费用的时效期限为180天（要求铁路支付运到期限违约金为60日）。

托运人或收货人向承运人要求赔偿或退还运输费用的时效期限，由下列日期起算：

（1）货物灭失、短少、变质、污染、损坏，为车站交给货运记录的次日。

（2）货物全部灭失未编有货运记录，为运到期限满期的第十六日，但鲜活货物为运到期限满期的次日。

（3）要求支付货物运到期限违约金，为交付货物的次日。

（4）多收运输费用，为核收该项费用的次日。

承运人向托运或收货人要求赔偿或补收运输费用的时效期限，由发生该项损失或少收运输费用的次日起算。

承运人与托运人或收货人相互提出的赔偿要求，应自收到书面赔偿要求的次日起30日内（跨及两个铁路局以上运输的货物为60日内）进行处理，答复赔偿要求人。索赔的一方收到对方的答复后，如有不同意见，应在接到答复的次日起60日内提出。

发生铁路运输合同争议的，铁路运输企业和托运人、收货人可以通过调节解决；不愿意调解解决或者调解不成的，可以依据合同中的仲裁条款或者事后达成的书面仲裁协议，向国家规定的仲裁机构申请仲裁。当事人一方在规定的期限内不履行仲裁机构的仲裁决定的，另一方可以申请人民法院强制执行。当事人没有在合同中订立仲裁条款，事后又没有达成书面仲裁协议的，可以向人民法院起诉。

六、国际铁路货物运输

国际铁路货物运输是指使用统一的国际铁路联运单据，由铁路部门经过两个或两个以上国家的铁路进行的运输。目前，我国对朝鲜、蒙古，以及俄罗斯等独联体国家的一部分进出口货物均采用国际铁路联运方式运送。为适应国际经贸大发展的需要，自1980年以来，我国成功地试办了通过西伯利亚铁路的集装箱国际铁路运输。在采用集装箱铁路运输的基础上，又开展了西伯利亚大陆桥运输方式，使海、陆、海集装箱运输有机地形成一定规模。1990年，我国又开通了一条新的亚欧大陆桥，东起连云港，西至鹿特丹，为国际新型运输发展开辟了又一条通道。而国际铁路联运的成功经验和良好基础，又为开展陆桥运输提供了便利条件。关于国际铁路货物运输的公约主要有两个，即1961年《铁路货物运输的国际公约》和1951年《国际铁路货物联运协定》（以下简称《国际货协》），我国是《国际货协》的参加国。《国际货协》的主要内容如下。

《国际货协》是缔约各国发货人、收货人以及过境办理货物联运所共同遵循的基本文件，共设8章40条。主要内容包括：适用范围、运输契约缔结、托运人的权利和义务、承运人权利和义务、赔偿请求与诉讼时效等。

1. 协定适用范围

适用于缔约国铁路方面之间的国际直通货物联运，协定对铁路部门、发货人、收货人都有拘束力。但不适用：

（1）发、到站都在同一国内，而用发送国列车只通过另一国家过境运送货物；

（2）两国车站间，用发送国或到达国列车通过第三国过境运送的；

（3）两邻国车站间，全程都用某一方列车，并据这一铁路的国内规章办理货物运送时。

2. 发货人托运时，要填写运单和运单副本

铁路运输单证用运单。运单是发货人与铁路之间缔结的运输契约，是铁路向收货人收取运杂费用和点交货物的依据。它规定了铁路、发货人和收货人在货运中的权利、义务和责任，因此，运单对上述当事人均有法律约束力。同时，运单又是铁路运输的凭证。但运单不是物权凭证，不能转让，亦不能凭以提货。运单随同货物从始发站至终点站全程附送，最后交给收货人。联运运单副本是贸易双方结算货款的依据。当所运货物或票据丢失时，副本可作为向铁路索赔的证件。运单副本加盖戳记后，证明铁路运输合同订立，并交付发货方凭以结汇。

3. 托运人的权利、义务

托运人包括发货人和收货人，其主要权利和义务是：

（1）发货人对运单记载和声明事项的正确性承担义务，否则，承担相应的一切后果。

（2）发货人对货物包装、标记符合要求负责。

（3）按规定计算、支付运费。即发送路段的铁路国内运价由发货人支付；到达路段发生的运费按到达国国内运价由收货人在到站支付；过境铁路运费按《协定》统一的过境运价规程计算，在发站或到站由收货人支付。

（4）货到站后，收货方应付清运费并领取货物。

（5）货物发生重大质变，不能按原用途使用时，收货人有拒绝领取货物的权利。

（6）发货人和收货人都有对运送契约变更一次的权利。发货人在发站领回货物；变更到站；将货物返还发站。收货人也可在到达国范围内变更到站或收货人，但变更申请必须在货物尚未从到达国国境站上发出时作出，否则，一旦从国境站发出，申请变更无效。变更运输合同应在国内（发出或到达国）按规定交纳一定费用。

4. 承运人的权利和义务

（1）收取运送费用和其他费用，并交付货物和运单。

（2）有权检查运单中记载事项的正确性，并对不完全、不准确记载和声明核收罚款。

（3）对非承运人过失而引起的货物灭失、损坏、短量不负责任。

（4）铁路对于按《国际货协》办妥联运手续的货物负全程运输责任。

（5）如果货物发往非《国际货协》国，铁路应负责按另一种有关协定的运单要求办理运送手续。

对于承运人的权利，特别强调以下两点：

（1）承运人的留置权

依《国际货协》的规定，为了保证核收运输合同项下的一切费用，铁路当局对货物可行使留置权。留置权的效力以货物交付地国家的法律为依据。

（2）承运人的免责

《国际货协》第22条规定了承运人可以免责的情况，主要包括铁路不能预防和不能消除的情况，货物的自然性质引起的货损，货方的过失，铁路规章许可的敞车运送，承运时无法发现的包装缺点，发货人不正确地托运违禁品，规定标准内的途耗等。对于承运人的义务与责任，特别强调以下两点：

（1）承运人的责任及责任期间

承运人应依货物运输合同的规定将货物安全地运至目的地。依《国际货协》的规定，按运单承运货物的铁路部门应对货物负连带责任。承运人的责任期间为从签发运单时起至终点交付货物时止。在此期间，承运人对货物因全部或部分灭失、毁损或逾期造成的损失负赔偿责任。

（2）承运人的赔偿责任

《国际货协》在货损的赔偿上基本采用了足额赔偿的方法。依《国际货协》的规定，铁路对货物损失的赔偿金额在任何情况下，不得超过货物全部灭失时的金额。在货物受损时，铁路的赔偿应与货价减损金额相当。在逾期交付的情况下，铁路应按逾期长短，以运费为基础向收货人支付规定的逾期罚金。

5. 赔偿请求与诉讼时效

（1）托运人有权据合同提出赔偿请求。赔偿请求应采用书面形式。由全权代理人、代表提出时，应有发货人或收货人的委托证明书方可。

（2）列明具体赔偿金额。当请求人是发货人时，则向发送路局提出；如由收货人提赔，则应向到达站提出。

（3）索赔不能得到合理解决时，可起诉。

（4）提赔和诉讼时效。9个月内提出或诉讼；但逾期的请求赔偿和诉讼，应为2个月内提出。部分灭失、损坏以及逾期索赔，自交付货物之日起算；全部灭失赔偿，自货物运到期限届满后30日内计算。

【案例讨论】

2004年5月20日，托运人黑龙江省某米业有限公司将1 200件、60 000公斤大米交铁路佳木斯站运至杭州南星桥站，承运方式为整车直达，装车方式为托运人自装，并办理了保价运输，保价额为14万元（货物实际价值16.2万元），货物运到期限为15天，收货人为大米购买人王先生。6月2日，货到南星桥站。6月4日，南星桥站卸车。卸前检查车辆篷布苫盖良好，无异状，卸时发现车厢底部有200件大米不同程度受潮，6月8日原告提货时发现受潮霉变数为253件，南星桥站分别编制了货运记录。经南星桥站与王先生确认，253件受潮大米的实际损失为30 992.5元。因铁路承运人对上述损失不予赔偿，王先生遂将到站南星桥站所隶属的艮山门站和上海铁路局杭州铁路分局诉至法院。

王先生认为，铁路承运人接收货物后，应在约定期限内将货物安全运送到目的地。根据合同法规定，承运人应对运输货物的毁损、灭失承担损害赔偿责任，除非承运人能证明自己存在免责事由，否则即应赔偿原告上述253件货物的损失30 992.5元。两被告作为铁路统一承运人的到站和分局，应对上述损失予以赔付。

两被告对大米受损事实无异议。但辩称，该批货物系托运人自装，承托运双方凭篷布现状交接。到站卸货时篷布苫盖良好，无异状。承运人无任何造成大米可能受潮的情形，故完全为托运人责任，承运人不承担赔偿责任。请求法院驳回原告的诉讼请求。

2004 年 12 月 17 日，杭州铁路运输法院根据《铁路货物运输规程》第 47 条、《铁路法》第 17 条第一项之规定，判决上海铁路局杭州铁路分局于判决生效之日起 10 日内赔偿王先生货物损失费 6 492.5 元，驳回王先生的其他诉讼请求。

判决后，王先生不服，提出上诉。上海铁路运输中级法院经审理后判决：驳回上诉，维持原判。

问题：

上述判决的法律依据有哪些？

第三节　水路运输法律法规

目前国内水路运输的主要法规是2000 年中华人民共和国交通部发布的《国内水路货物运输规则》。本节主要根据该规则和《合同法》有关规定。

一、国内水路货物运输合同

水路货物运输合同，是指承运人收取运输费用，负责将托运人托运的货物经水路由一港（站、点）运至另一港（站、点）的合同。班轮运输，是指在特定的航线上按照预定的船期和挂港从事有规律水上货物运输的运输形式。航次租船运输，是指船舶出租人承租人提供船舶的全部或者部分舱位，装运约定的货物，从一港（站、点）运至另一港（站、点）的运输形式。

1. 水路货物运输合同的形式与成立

订立运输合同可以采用书面形式、口头形式和其他形式。书面形式是指合同书、信件和数据电文（包括电报、电传、传真、电子数据交换和电子邮件）等可以有形地表现所载内容的形式。采用信件、数据电文等形式订立合同的，可以在合同成立之前要求签订确认书。签订确认书时合同成立。采用书面形式订立合同在签字或者盖章之前，当事人一方已经履行主要义务，对方接受的，该合同成立。

2. 水路货物运输合同的条款

班轮运输形式下的运输合同一般包括以下条款：

（1）承运人、托运人和收货人名称。

（2）货物名称、件数、重量、体积（长、宽、高）。

（3）运输费用及其结算方式。

（4）船名、航次。

（5）起运港（站、点）（以下简称起运港）、中转港（站、点）（以下简称中转港）和到达港（站、点）（以下简称到达港）。

（6）货物交接的地点和时间。

（7）装船日期。

（8）运到期限。

（9）包装方式。

（10）识别标志。

(11) 违约责任。

(12) 解决争议的方法。

航次租船运输形式下的运输合同一般包括以下条款:

(1) 出租人和承租人名称。

(2) 货物名称、件数、重量、体积(长、宽、高)。

(3) 运输费用及其结算方式。

(4) 船名。

(5) 载货重量、载货容积及其他船舶资料。

(6) 起运港和到达港。

(7) 货物交接的地点和时间。

(8) 受载期限。

(9) 运到期限。

(10) 装、卸货期限及其计算办法。

(11) 滞期费率和速遣费率。

(12) 包装方式。

(13) 识别标志。

(14) 违约责任。

(15) 解决争议的方法。

二、运输单证

1. 运单的性质和内容

运单是运输合同的证明,是承运人已经接收货物的收据。运单内容,一般包括下列各项:

(1) 承运人、托运人和收货人名称。

(2) 货物名称、件数、重量、体积(长、宽、高)。

(3) 运输费用及其结算方式。

(4) 船名、航次。

(5) 起运港、中转港和到达港。

(6) 货物交接的地点和时间。

(7) 装船日期。

(8) 运到期限。

(9) 包装方式。

(10) 识别标志。

(11) 相关事项。

2. 运单的填制

运单应当按照下列要求填制:

(1) 一份运单,填写一个托运人、收货人、起运港、到达港。

(2) 货物名称填写具体品名,名称过繁的可以填写概括名称。

(3) 规定按重量和体积择大计费的货物,应当填写货物的重量和体积(长、宽、高)。

(4) 填写的各项内容应当准确、完整、清晰。

3. 运单的签发

承运人接收货物应当签发运单，运单由载货船舶的船长签发的，视为代表承运人签发。

4. 运单的份数

运单签发后承运人、承运人的代理人、托运人、到达港港口经营人、收货人各留存一份，另外一份由收货人收到货物后作为收据签还给承运人。承运人可以视情况需要增加或者减少运单份数。

三、运输合同当事人的权利和义务

1. 托运人的权利和义务

(1) 变更到达港或者收货人权利。承运人将货物交付收货人之前，托运人可以要求承运人变更到达港或者将货物交给其他收货人，但应当赔偿承运人因此受到的损失。

(2) 办理保价运输的权利。托运人托运货物，可以办理保价运输。货物发生损坏、灭失，承运人应当根据货物的声明价值进行赔偿，但承运人证明货物的实际价值低于声明价值的，按照货物的实际价值赔偿。

(3) 要求承运人提供船舶水尺计量数作为申报重量的权利。散装货物，托运人确定重量有困难时，可以要求承运人提供船舶水尺计量数作为申报的重量。

(4) 及时办理相关手续的义务。托运人应当及时办理港口、海关、检验、检疫、公安和其他货物运输所需的各项手续，并将已办理的各项手续单证送交承运人。因托运人办理各项手续和有关单证不及时、不完备或者不正确，造成承运人损失的，应当承担赔偿责任。

(5) 正确申报的义务。托运人托运货物的名称、件数、重量、体积、包装方式、识别标志，应当与运输合同的约定相符。托运人未按规定托运货物造成承运人损失的，应当承担赔偿责任。以件运输的货物，承运人验收货物时，发现货物的实际重量或者体积与托运人申报的重量或者体积不符时，托运人应当按照实际重量或者体积支付运输费用并向承运人支付衡量等费用。

(6) 正确包装的义务。需要包装的运输货物，托运人应当保证货物的包装符合国家规定的包装标装；没有包装标准的，货物的包装应当保证运输安全和货物质量。需要随附备用包装的货物，托运人应当提供足够数量的备用包装，交承运人随货免费运输。

(7) 严格执行特殊货物托运规定的义务。托运危险货物，托运人应当按照有关危险货物运输的规定，妥善包装，制作危险品标志和标签，并将其正式名称和危险性质以及必要时应当采取的预防措施书面通知承运人。

托运笨重、长大货物和舱面货物所需要的特殊加固、捆扎、烧焊、衬垫、苫盖的物料和人工由托运人负责，卸船时由收货人拆除和收回相关物料；需要改变船上装置的，货物卸船后应当由收货人负责恢复原状。

托运人托运易腐货物和活动物、有生植物时，应当与承运人约定运到期限和运输要求；使用冷藏船（舱）装运易腐货物的，应当在订立运输合同时确定冷藏温度。

托运人托运木（竹）排应当按照与承运人商定的单排数量、规格和技术要求进行编扎。托运船舶或者其他水上浮物，应当向承运人提供船舶或者其他水上浮物的吨位、吃水及长、宽、高和抗风能力等技术资料。在船舶或者其他水上浮物上加载货物，应当经承运人同意，并支付运输费用。航行中，木（竹）排、船舶或者其他水上浮物上的人员（包括船员、排工及押运人员）应当听从承运人的指挥，配合承运人保证航行安全。

（8）特殊货物押运的义务。除另有约定外，运输过程中需要饲养、照料的活动物、有生植物，以及尖端保密物品、稀有珍贵物品和文物、有价证券、货币等，托运人应当向承运人申报并随船押运。托运人押运其他货物须经承运人同意。托运人应当在运单内注明押运人员的姓名和证件。

（9）制作识别标志的义务。托运人应当在货物的外包装或者表面正确制作识别标志。识别标志的内容包括发货符号、货物名称、起运港、中转港、到达港、收货人、货物总件数。托运人应当根据货物的性质和安全储运要求，按照国家规定，在货物外包装或者表面制作储运指示标志。识别标志和储运标志应当字迹清楚、牢固。

同一托运人、收货人整船、整舱装运的直达运输货物可以不制作识别标志。外贸出口货物到港口不变换原包装的可以使用原包装的商品标志作为识别标志。

（10）预付运费的义务。除另有约定外，托运人应当预付运费。货物在运输过程中因不可抗力灭失，已收取运费的，托运人可以要求返还；未收取运费的，承运人不得要求支付运费。货物在运输过程中因不可抗力部分灭失的，承运人按照实际交付的货物比例收取运费。

（11）承担洗舱费用的义务。下列原因发生的洗舱费用由托运人或者收货人承担：托运人提出变更合同约定的液体货物品种；装运特殊液体货物（如航空汽油、煤油、变压器油、植物油等）需要的特殊洗舱；装运特殊污秽油类（如煤焦油等），卸后须洗刷船舱。

（12）负责检疫、洗刷、熏蒸、消毒的义务。在承运人已履行适航适货义务情况下，因货物的性质或者携带虫害等情况，需要对船舱或者货物进行检疫、洗刷、熏蒸、消毒的，应当由托运人或者收货人负责，并承担船舶滞期费等有关费用。

2. 承运人的义务与权利

（1）拒绝运输的权利。托运人违反有关货物包装和危险品申报规定的，承运人可以拒绝运输。

（2）对危险品的特别处理权。托运人未按照有关危险品规定通知承运人或者通知有误的，承运人可以在任何时间、任何地点根据情况需要将危险货物卸下、销毁或者使之不能为害，而不承担赔偿责任。托运人对承运人因运输此类货物所受到的损失，应当承担赔偿责任。承运人知道危险货物的性质并已同意装运的，仍然可以在该项货物对于船舶、人员或者其他货物构成实际危险时，将货物卸下、销毁或者使之不能为害，而不承担赔偿责任。但是，本款规定不影响共同海损的分摊。

（3）委托卸货的权利。根据运输合同的约定应当由收货人委托港口作业的，货物运抵到达港后，收货人没有委托的，承运人可以委托港口经营人进行作业，由此产生的费用和风险由收货人承担。

（4）货物的留置权。应当向承运人支付的运费、保管费、滞期费、共同海损的分摊和承运人为货物垫付的必要费用，以及应当向承运人支付的其他运输费用没有付清，又没有提供适当担保的，承运人可以留置相应的运输货物，但另有约定的除外。

（5）对无人提取货物的处分权。承运人发出到货通知后，应当每 10 天催提一次，满 30 天收货人不提取或者找不到收货人，承运人应当通知托运人，托运人在承运人发出通知后

30天内负责处理该批货物。托运人未在上述规定期限内处理货物的，承运人可以将该批货物作无法交付货物处理。

（6）对货物的提存权。收货人不明或者收货人无正当理由拒绝受领货物的，承运人可以根据《合同法》的规定将货物提存。

（7）承运人的免责事由。承运人对运输合同履行过程中货物的损坏、灭失或者迟延交付承担损害赔偿责任，但承运人证明货物的损坏、灭失或者迟延交付是由于下列原因造成的除外：不可抗力；货物的自然属性和潜在缺陷；货物的自然减量和合理损耗；包装不符合要求；包装完好但货物与运单记载内容不符；识别标志、储运指示标志不符合规定；托运人申报的货物重量不准确；托运人押运过程中的过错；普通货物中夹带危险、流质、易腐货物；托运人、收货人的其他过错。

（8）按笨重、长大货物运输的权利。单件货物重量或者长度超过下列标准的，应当按照笨重、长大货物运输。

1）沿海：重量5吨，长度12米。

2）长江、黑龙江干线：重量3吨，长度10米；各省（自治区、直辖市）交通主管部门对本省内运输的笨重、长大货物标准可以另行规定，并报国务院交通主管部门备案。运输笨重、长大货物，应当在运单内载明总件数、重量和体积（长、宽、高），并随附清单标明每件货物的重量、长度和体积（长、宽、高）。

（9）提供适航船舶的义务。承运人应当使船舶处于适航状态，妥善配备船员、装备船舶和配备供应品，并使干货舱、冷藏舱、冷气舱和其他载货处所适于并能安全收受、载运和保管货物。

（10）接收货物的义务。承运人应当按照运输合同的约定接收货物。

（11）管理货物的义务。承运人应当妥善地装载、搬移、积载、运输、保管、照料和卸载所运货物。

（12）不得绕航的义务。承运人应当按照约定的或者习惯的或者地理上的航线将货物运送到约定的到达港。承运人为救助或者企图救助人命或者财产而发生的绕航或者其他合理绕航，不属于违反前款规定的行为。

（13）不得迟延交付的义务。承运人应当在约定期间或者在没有这种约定时在合理期间内将货物安全运送到约定地点。货物未能在约定或者合理期间内在约定地点交付的，为迟延交付。对由此造成的损失，承运人应当承担赔偿责任。承运人未能在规定期间届满的次日起60日内交付货物，有权对货物灭失提出赔偿请求的人可以认为货物已经灭失。

（14）因不可抗力致使不能在合同约定的到达港卸货而采取就近卸货的权利和及时通知义务。因不可抗力致使不能在合同约定的到达港卸货的，除另有约定外，承运人可以将货物在到达港邻近的安全港口或者地点卸载，视为已经履行合同。承运人实施就近卸货行为应当考虑托运人或者收货人的利益，并及时通知托运人或者收货人。

（15）依法处理地脚货物的义务。承运人对收集的地脚货物，应当做到物归原主；不能确定货主的，应当按照无法交付货物处理。

（16）发出到货通知的义务。货物运抵到达港后，承运人应当在24小时内向收货人发出到货通知。到货通知的时间，信函通知的，以发出邮戳为准；电传、电报、传真通知的，以发出时间为准；采用数据电文形式通知的，收件人指定特定系统接收数据电文的，以该数据电文进入该特定系统的时间为通知时间；未指定特定系统的，以该数据电文进入收件人的任何系统的首次时间为通知时间。

（17）向收货人理赔义务。收货人有权就水路货物运单（以下简称运单）上所载货物损坏、灭失或者迟延交付所造成的损害向承运人索赔；承运人可以适用本规则规定的抗辩理由进行抗辩。

（18）承运人和实际承运人之间的责任划分和连带责任。承运人将货物运输或者部分运输委托给实际承运人履行的，承运人仍然应当对全程运输负责。但在运输合同中明确约定合同所包括的特定的部分，运输由承运人以外的指定的实际承运人履行的，合同可以同时约定，货物在指定的实际承运人运输期间发生的损坏、灭失或者迟延交付，承运人不承担赔偿责任。

承运人与实际承运人都负有赔偿责任的，应当在该项责任范围内承担连带责任。当实际承运人承担连带责任时，本规则对承运人责任的有关规定，适用于实际承运人。

承运人承担本规则未规定的义务或者放弃本规则赋予的权利的任何特别协议，经实际承运人书面明确同意的，对实际承运人发生效力；实际承运人是否同意，不影响此项特别协议对承运人的效力。

（19）装运散装液体货物的义务。散装液体货物只限于整船、整舱运输，由托运人在装船前验舱认可后才能装载。

（20）舱面货物的运输要求及责任。承运人在舱面上装载货物，应当同托运人达成协议，或者符合航运惯例，或者符合有关法律、行政法规的规定。承运人与托运人约定将货物配装在舱面上的，应当在运单上注明“舱面货物”。承运人依照规定将货物装载在舱面上，对由于此种装载的特殊风险造成的货物损坏、灭失，不承担赔偿责任。承运人违反规定将货物装载在舱面上，造成货物损坏、灭失的，应当承担赔偿责任。

（21）活动物、有生植物和易腐货物的运输要求及责任。承运人对运输的活动物、有生植物，应当保证航行中所需的淡水，有关费用由托运人承担。运输活动物所需饲料，由托运人自备，承运人免费运输。因运输活动物、有生植物的固有的特殊风险造成活动物、有生植物损坏、灭失的，承运人不承担赔偿责任。但是，承运人应当证明业已履行托运人关于运输活动物、有生植物的特别要求，并证明根据实际情况，损坏、灭失是由于此种固有的特殊风险造成的。

承运人应当将与托运人约定的运输易腐货物和活动物、有生植物的运到期限和运输要求，使用冷藏船（舱）装运易腐货物的冷藏温度，木（竹）排的实际规格，托运的船舶或者其他水上浮物的吨位、吃水及长、宽、高和抗风能力等技术资料在运单内载明。

3. 货物的接收与交付

货物的接收与交付应该按照当事人的运输合同约定进行，没有约定的按照有关法律规定进行或按照实际操作习惯进行。除另有约定外，散装货物按重量交接，其他货物按件数交接。散装货物按重量交接的，承运人与托运人应当约定货物交接的计量方法，没有约定的应当按照船舶水尺数计量，不能按船舶水尺数计量的，运单中载明的货物重量对承运人不构成其交接货物重量的证据。

散装液体货物装船完毕，由托运人会同承运人按照每处油舱和管道阀门进行施封，施封材料由托运人自备，并将施封的数目、印文、材料品种等在运单内载明；卸船前，由承运人与收货人凭舱封交接。

托运人要求在两个以上地点装载或者卸载或者在同一卸载地点由几个收货人接收货物时，计量分劈及发生重量差数，均由托运人或者收货人负责。收货人接到到货通知后，应当及时提货，不得因对货物进行检验而滞留船舶。

承运人交付货物时，应当核对证明收货人单位或者身份以及经办人身份的有关证件。收货人提取货物时，应当验收货物，并签发收据，发现货物损坏、灭失的，交接双方应当编制货运记录。收货人在提取货物时没有就货物的数量和质量提出异议的，视为承运人已经按照运单的记载交付货物，除非收货人提出相反的证明。

按照约定在提货时支付运费、滞期费和包装整修、加固费用以及其他中途垫款的，应当于办理提货手续时付清。

下列情况，应托运人或者收货人的要求，承运人可以编制普通记录：货物发生损坏、灭失，按照约定或者本规则的规定，承运人可以免除责任的；托运人随附在运单上的单证丢失；托运人押运和舱面货物发生非承运人责任造成的损坏、灭失；货物包装经过加固整理；收货人要求证明与货物数量、质量无关的其他情况。货运记录和普通记录的编制，应当准确、客观。货运记录应当在接收或者交付货物的当时由交接双方编制。收货人在到达港提取货物前或者承运人在到达港交付货物前，可以要求检验机构对货物状况进行检验；要求检验的一方应当支付检验费用，但是有权向造成货物损失的责任方追偿。收货人或者承运人进行检验应当相互提供合理的便利条件。

4. 航次租船运输的特别规定

航次租船的出租人应当履行船舶适航和不得进行不合理绕航的强制义务。仅在航次租船运输形式下的运输合同没有约定或者没有不同约定时，其他有关合同当事人之间的权利、义务的规定，适用于出租人和承租人。航次租船运输形式下，收货人是承租人的，出租人与收货人之间的权利、义务根据航次租船运输形式下运输合同的内容确定；收货人不是承租人的，承运人与收货人之间的权利、义务根据承运人签发的运单的内容确定。

（1）出租人的义务

出租人应当按照合同的约定提供船舶舱位；经承租人同意，出租人可以更换船舶。但提供的船舶舱位或者更换的船舶不符合合同约定的，承租人有权拒绝或者解除合同。因出租人责任未提供约定的船舶舱位造成承租人损失的，出租人应当承担赔偿责任。

出租人在约定的受载期限内未提供船舶舱位的，承租人有权解除合同。但是出租人在受载期限内将船舶延误情况和船舶预期抵达起运港的日期通知承租人的，承租人应当自收到通知时起 24 小时内，将解除合同的决定通知出租人。逾期没有通知的，视为不解除合同。因出租人责任延误提供船舶舱位造成承租人损失的，出租人应当承担赔偿责任。

（2）承租人的权利和义务

承租人可以将其租用的船舶舱位转租；转租后，原合同约定的权利、义务不受影响。承租人应当提供约定的货物；经出租人同意，可以变更货物。但是，更换的货物对出租人不利的，出租人有权拒绝或者解除合同。因承租人责任未提供约定的货物造成出租人损失的，承租人应当承担赔偿责任。

5. **集装箱运输的特别规定**

承运人向托运人提供集装箱空箱时，托运人应当检查箱体并核对箱号；收货人返还空箱时，承运人应当检查箱体并核对箱号；承运人、托运人、收货人对整箱货物，应当检查箱体、封志状况并核对箱号；承运人、托运人、收货人对特种集装箱，应当检查集装箱机械、电器装置、设备的运转情况。集装箱交接状况，应当在交接单证上如实加以记载。

根据约定由托运人负责装、拆箱的，运单上应当准确记载集装箱封志号；交接时发现封志号与运单记载不符或者封志破坏的，交接双方应当编制货运记录。根据约定由承运人负责装、拆箱的，承运人与托运人或者收货人对货物进行交接。

集装箱货物需拆箱后转运的，其包装应当符合规定。收货人提取货物后，应当按照约定将空箱归还，超期不归还的，按照约定交纳滞箱费。集装箱货物装箱时应当做到合理积载、堆码整齐、牢固。

6. **单元滚装运输的特别规定**

单元滚装运输是指使用滚装船连车带货一起装运的水路运输方式。单元滚装运输方式下运输合同的履行期间为运输单元进入起运港至离开到达港。

承运人应当对运输单元的表面状况进行验收，发现有异常状况的，应当在运单内载明。运输单元进入起运港时承运人应当在运单上签注，离开到达港时托运人应当在运单上签注，并将签注后的运单交还给承运人。单元滚装运输不得运输危险品。运单上应当载明车牌号码、运输单元的重量、体积（长、宽、高）。

托运人对车辆或者移动机械所载货物应当绑扎牢固。运输单元在船舶上需要特殊加固绑扎的，托运人应当在托运时向承运人提出，并支付相关费用。承运人应当备妥加固绑扎的物料，并为防止运输单元滑动而进行一般性绑扎和加固。对有特殊绑扎要求的，由双方另行约定。

运输单元驶上或者驶离船舶时，司乘人员应当遵守有关法规，服从船方指挥，按顺序和指定的行车路线行驶。运输单元进入指定的车位后，司机应当关闭发动机，使车辆处于制动状态。

运输单元的实际重量、体积与运单记载不符的，托运人应当按照实际重量或者体积支付运输费用并向承运人支付衡量等费用。

从事单元滚装运输的船舶应当分设供旅客和运输单元上下船的专用通道；船舶只设有一个通道时，旅客与运输单元上下船时必须分流。承运人应当在船舱内配备照明、通风等设施。

四、国际海上货物运输合同

国际海上货物运输合同，是指承运人收取运费，负责将托运人托运的货物经海路由一国某港运至另一国某港的合同。

目前制约国际海上货物运输的国际公约主要有三部，分别是《海牙规则》《维斯比规则》和《汉堡规则》。《海牙规则》是《统一提单的若干法律规定的国际公约》（International Convention for the Unification of Certain Rules of Law Relating to Bills of Lading）的简称。它是 1924 年 8 月 25 日在比利时布鲁塞尔由 26 个国家代表出席的外交会议签署的，于 1931

年6月2日起生效，截至1997年2月，加入该规则的国家和地区共有88个。《维斯比规则》是《修改统一提单若干法律规定的国际公约议定书》(Protocol to Amend the International Convention for the Unification of Certain Rules of Law Relating to Bills of Lading)的简称。于1968年6月23日在布鲁塞尔外交会议上通过，自1977年6月23日生效。截至1996年9月，参加该规则的国家共有29个，其中包括英国、法国、德国、荷兰、西班牙、挪威、瑞典、瑞士、意大利和日本等主要航运国家。因该议定书的准备工作在瑞典的维斯比完成而得名。《维斯比规则》是《海牙规则》的修改和补充，故常与《海牙规则》一起，称为《海牙—维斯比规则》。《汉堡规则》是《联合国海上货物运输公约》(United Nations Convention on the Carriage of Goods by Sea，1978)的简称。于1978年3月6日至31日在德国汉堡举行的联合国主持的由78国代表参加的海上货物运输大会讨论通过，于1992年11月1日生效。截至1996年10月，共有成员国25个，其中绝大多数为发展中国家，占全球外贸船舶吨位数90%的国家都未承认该规则。

我国在参考三大国际公约基础上，又通过研究国际货运行业大量国际惯例，制订了《中华人民共和国海商法》(以下简称《海商法》),《海商法》由中华人民共和国第七届全国人民代表大会常务委员会第二十八次会议于1992年11月7日通过，自1993年7月1日起施行。本书主要介绍《海商法》的相关内容。

1. 国际海上货物运输合同的订立

承运人或者托运人可以要求书面确认海上货物运输合同的成立。但是，航次租船合同应当书面订立。电报、电传和传真具有书面效力。

2. 托运人的责任

(1) 托运人托运货物，应当妥善包装，并向承运人保证，货物装船时所提供的货物的品名、标志、包数或者件数、重量或者体积的正确性；由于包装不良或者上述资料不正确，对承运人造成损失的，托运人应当负赔偿责任。

承运人依此规定享有的受偿权利，不影响其根据货物运输合同对托运人以外的人所承担的责任。

(2) 托运人应当及时向港口、海关、检疫、检验和其他主管机关办理货物运输所需要的各项手续，并将已办理的各项手续的单证送交承运人；因办理各项手续的有关单证送交不及时、不完备或者不正确，使承运人的利益受到损害的，托运人应当负赔偿责任。

(3) 托运人托运危险货物，应当依照有关海上危险货物运输的规定，妥善包装，作出危险品标志和标签，并将其正式名称和性质以及应当采取的预防危害措施书面通知承运人；托运人未通知或者通知有误的，承运人可以在任何时间、任何地点根据情况需要将货物卸下、销毁或者使之不能为害，而不负赔偿责任。托运人对承运人因运输此类货物所受到的损害，应当负赔偿责任。

承运人知道危险货物的性质并已同意装运的，仍然可以在该项货物对于船舶、人员或者其他货物构成实际危险时，将货物卸下、销毁或者使之不能为害，而不负赔偿责任。但是，本规定不影响共同海损的分摊。

(4) 托运人应当按照约定向承运人支付运费。托运人与承运人可以约定运费由收货人支付；但是，此项约定应当在运输单证中载明。

(5) 托运人对承运人、实际承运人所遭受的损失或者船舶所遭受的损坏，不负赔偿责任；但是，此种损失或者损坏是由于托运人或者托运人的受雇人、代理人的过失造成的除外。

托运人的受雇人、代理人对承运人、实际承运人所遭受的损失或者船舶所遭受的损坏，不负赔偿责任；但是，这种损失或者损坏是由于托运人的受雇人、代理人的过失造成的除外。

3. 承运人的责任

(1) 承运人的责任期间

承运人对集装箱装运的货物的责任期间，是指从装货港接收货物时起至卸货港交付货物时止，货物处于承运人掌管之下的全部期间。承运人对非集装箱装运的货物的责任期间，是指从货物装上船时起至卸下船时止，货物处于承运人掌管之下的全部期间。在承运人的责任期间，货物发生灭失或者损坏，除本节另有规定外，承运人应当负赔偿责任。

本规定不影响承运人就非集装箱装运的货物，在装船前和卸船后所承担的责任，达成任何协议。

(2) 承运人的基本责任

1) 保证船舶适航的责任。承运人在船舶开航前和开航当时，应当谨慎处理，使船舶处于适航状态，妥善配备船员、装备船舶和配备供应品，并使货舱、冷藏舱、冷气舱和其他载货处所适于并能安全收受、载运和保管货物。

2) 谨慎地管理货物的责任。承运人应当妥善地、谨慎地装载、搬移、积载、运输、保管、照料和卸载所运货物。

3) 不得绕航的责任。承运人应当按照约定的或者习惯的或者地理上的航线将货物运往卸货港。船舶在海上为救助或者企图救助人命或者财产而发生的绕航或者其他合理绕航，不属于违反前款规定的行为。

4) 适时交货的责任。货物未能在明确约定的时间内，在约定的卸货港交付的，为迟延交付。

由于承运人的过失，致使货物因迟延交付而灭失或者损坏的，承运人应当负赔偿责任，符合承运人免责条款的除外。

由于承运人的过失，致使货物因迟延交付而遭受经济损失的，即使货物没有灭失或者损坏，承运人仍然应当负赔偿责任，符合承运人免责条款的除外。

承运人未能在规定的时间届满60日内交付货物，有权对货物灭失提出赔偿请求的人可以认为货物已经灭失。

5) 其他赔偿或举证责任

①因运输活动物的固有的特殊风险造成活动物灭失或者损害的，承运人不负赔偿责任。但是，承运人应当证明业已履行托运人关于运输活动物的特别要求，并证明根据实际情况，灭失或者损害是由于此种固有的特殊风险造成的。

②承运人在舱面上装载货物，应当同托运人达成协议，或者符合航运惯例，或者符合有关法律、行政法规的规定。承运人依照规定将货物装载在舱面上，对由于此种装载的特殊风险造成的货物灭失或者损坏，不负赔偿责任。承运人擅自将货物装载在舱面上，致使货物遭

受灭失或者损坏的，应当负赔偿责任。

③货物的灭失、损坏或者迟延交付是由于承运人或者承运人的受雇人、代理人的不能免除赔偿责任的原因和其他原因共同造成的，承运人仅在其不能免除赔偿责任的范围内负赔偿责任；但是，承运人对其他原因造成的灭失、损坏或者迟延交付应当负举证责任。

（3）承运人的责任限额

承运人对货物的灭失或者损坏的赔偿限额，按照货物件数或者其他货运单位数计算，每件或者每个其他货运单位为666.67计算单位，或者按照货物毛重计算，每公斤为2计算单位，以二者中赔偿限额较高的为准。但是，托运人在货物装运前已经申报其性质和价值，并在提单中载明的，或者承运人与托运人已经另行约定高于本条规定的赔偿限额的除外。就货物的灭失或者损坏分别向承运人、实际承运人以及他们的受雇人、代理人请求赔偿的适用本条。

货物用集装箱、货盘或者类似装运器具集装的，提单中载明装在此类装运器具中的货物件数或者其他货运单位数，视为货物件数或者其他货运单位数；未载明的，每一装运器具视为一件或者一个单位。装运器具不属于承运人所有或者非由承运人提供的，装运器具本身应当视为一件或者一个单位。

承运人对货物因迟延交付造成经济损失的赔偿限额，为所迟延交付的货物的运费数额。货物的灭失或者损坏和迟延交付同时发生的，承运人的赔偿责任限额适用本限额。

经证明，货物的灭失、损坏或者迟延交付是由于承运人的故意或者明知可能造成损失而轻率地作为或者不作为造成的，承运人不得援用限制赔偿责任的规定。

经证明，货物的灭失、损坏或者迟延交付是由于承运人的受雇人、代理人的故意或者明知可能造成损失而轻率地作为或者不作为造成的，承运人的受雇人或者代理人不得援用限制赔偿责任的规定。

（4）承运人的免责条款

在责任期间货物发生的灭失或者损坏是由于下列原因之一造成的，承运人不负赔偿责任：

1）船长、船员、引航员或者承运人的其他受雇人在驾驶船舶或者管理船舶中的过失。

2）火灾，但是由于承运人本人的过失所造成的除外。

3）天灾，海上或者其他可航水域的危险或者意外事故。

4）战争或者武装冲突。

5）政府或者主管部门的行为、检疫限制或者司法扣押。

6）罢工、停工或者劳动受到限制。

7）在海上救助或者企图救助人命或者财产。

8）托运人、货物所有人或者他们的代理人的行为。

9）货物的自然特性或者固有缺陷。

10）货物包装不良或者标志欠缺、不清。

11）经谨慎处理仍未发现的船舶潜在缺陷。

12）非由于承运人或者承运人的受雇人、代理人的过失造成的其他原因。

承运人依照前款规定免除赔偿责任的，除第2）项规定的原因外，应当负举证责任。

（5）有关说明

1）就海上货物运输合同所涉及的货物灭失、损坏或者迟延交付对承运人提起的任何诉讼，不论海事请求人是否合同的一方，也不论是根据合同或者是根据侵权行为提起的，均适用关于承运人的抗辩理由和限制赔偿责任的规定。

对承运人的受雇人或者代理人提起诉讼的，经承运人的受雇人或者代理人证明，其行为是在受雇或者受委托的范围之内的，适用本规定。

2）对承运人责任的规定，适用于实际承运人。对实际承运人的受雇人、代理人提起诉讼的，其行为是在受雇或者受委托的范围之内的，均适用关于承运人的抗辩理由和限制赔偿责任的规定。

3）承运人承担本章未规定的义务或者放弃本章赋予的权利的任何特别协议，经实际承运人书面明确同意的，对实际承运人发生效力；实际承运人是否同意，不影响此项特别协议对承运人的效力。

4）承运人与实际承运人都负有赔偿责任的，应当在此项责任范围内负连带责任。

5）承运人将货物运输或者部分运输委托给实际承运人履行的，承运人仍然应当依照本章规定对全部运输负责。对实际承运人承担的运输，承运人应当对实际承运人的行为或者实际承运人的受雇人、代理人在受雇或者受委托的范围内的行为负责。

在海上运输合同中明确约定合同所包括的特定的部分运输由承运人以外的指定的实际承运人履行的，合同可以同时约定，货物在指定的实际承运人掌管期间发生的灭失、损坏或者迟延交付，承运人不负赔偿责任。

货物灭失的赔偿额，按照货物的实际价值计算；货物损坏的赔偿额，按照货物受损前后实际价值的差额或者货物的修复费用计算。货物的实际价值，按照货物装船时的价值加保险费加运费计算。前款规定的货物实际价值，赔偿时应当减去因货物灭失或者损坏而少付或者免付的有关费用。

4. 运输单证

（1）提单的概念和作用

提单指用以证明海上货物运输合同和货物已经由承运人接收或者装船，以及承运人保证据以交付货物的单证。提单中载明的向记名人交付货物，或者按照指示人的指示交付货物，或者向提单持有人交付货物的条款，构成承运人据以交付货物的保证。

（2）提单的签发

货物由承运人接收或者装船后，应托运人的要求，承运人应当签发提单。提单可以由承运人授权的人签发，提单由载货船舶的船长签发的，视为代表承运人签发。承运人不得倒签提单、顺签提单或者预借提单。

货物装船前，承运人已经应托运人的要求签发收货待运提单或者其他单证的，货物装船完毕，托运人可以将收货待运提单或者其他单证退还承运人，以换取已装船提单；承运人也可以在收货待运提单上加注承运船舶的船名和装船日期，加注后的收货待运提单视为已装船提单。

（3）提单的内容

提单应该包括下列各项内容：

1）货物的品名、标志、包数或者件数、重量或者体积，以及运输危险货物时对危险性质的说明。

2）承运人的名称和主营业所。

3）船舶名称。

4）托运人的名称。

5）收货人的名称。

6）装货港和在装货港接收货物的日期。

7）卸货港。

8）多式联运提单增列接收货物地点和交付货物地点。

9）提单的签发日期、地点和份数。

10）运费的支付。

11）承运人或者其代表的签字。

提单缺少本规定的一项或者几项的，不影响提单的性质。

(4) 批注的处理

承运人或者代其签发提单的人，知道或者有合理的根据怀疑提单记载的货物的品名、标志、包数或者件数、重量或者体积与实际接收的货物不符，在签发已装船提单的情况下怀疑与已装船的货物不符，或者没有适当的方法核对提单记载的，可以在提单上批注，说明不符之处、怀疑的根据或者说明无法核对。

承运人或者代其签发提单的人未在提单上批注货物表面状况的，视为货物的表面状况良好。

(5) 提单的法律效率

承运人或者代其签发提单的人签发的提单，是承运人已经按照提单所载状况收到货物或者货物已经装船的初步证据，除非承运人已经在批注处予以记录或说明；承运人向善意受让提单的包括收货人在内的第三人提出的与提单所载状况不同的证据，不予承认。承运人同收货人、提单持有人之间的权利、义务关系，依据提单的规定确定。

收货人、提单持有人不承担在装货港发生的滞期费、亏舱费和其他与装货有关的费用，但是提单中明确载明上述费用由收货人、提单持有人承担的除外。

(6) 提单的转让

提单的转让依照下列规定执行：

1）记名提单：不得转让。

2）指示提单：经过记名背书或者空白背书转让。

3）不记名提单：无须背书，即可转让。

承运人签发提单以外的单证用以证明收到待运货物的，此项单证即为订立海上货物运输合同和承运人接收该单证中所列货物的初步证据。承运人签发的此类单证不得转让。

5. 货物的交付

(1) 承运人向收货人交付货物时，收货人未将货物灭失或者损坏的情况书面通知承运人的，此项交付视为承运人已经按照运输单证的记载交付以及货物状况良好的初步证据。

货物灭失或者损坏的情况非显而易见的，在货物交付的次日起连续 7 日内，集装箱货物交付的次日起连续 15 日内，收货人未提交书面通知的，适用前款规定。

货物交付时，收货人已经会同承运人对货物进行联合检查或者检验的，无须就所查明的灭失或者损坏的情况提交书面通知。

（2）承运人自向收货人交付货物的次日起连续 60 日内，未收到收货人就货物因迟延交付造成经济损失而提交的书面通知的，不负赔偿责任。

（3）收货人在目的港提取货物前或者承运人在目的港交付货物前，可以要求检验机构对货物状况进行检验；要求检验的一方应当支付检验费用，但是有权向造成货物损失的责任方追偿。

（4）承运人和收货人对规定的检验，应当相互提供合理的便利条件。

（5）货物由实际承运人交付的，收货人依规定向实际承运人提交的书面通知，与向承运人提交书面通知具有同等效力；向承运人提交的书面通知，与向实际承运人提交书面通知具有同等效力。

（6）在卸货港无人提取货物或者收货人迟延、拒绝提取货物的，船长可以将货物卸在仓库或者其他适当场所，由此产生的费用和风险由收货人承担。

（7）应当向承运人支付的运费、共同海损分摊、滞期费和承运人为货物垫付的必要费用以及应当向承运人支付的其他费用没有付清，又没有提供适当担保的，承运人可以在合理的限度内留置其货物。

（8）承运人根据规定留置的货物，自船舶抵达卸货港的次日起满 60 日无人提取的，承运人可以申请法院裁定拍卖；货物易腐烂变质或者货物的保管费用可能超过其价值的，可以申请提前拍卖。

拍卖所得价款，用于清偿保管、拍卖货物的费用和运费以及应当向承运人支付的其他有关费用；不足的金额，承运人有权向托运人追偿；剩余的金额，退还托运人；无法退还、自拍卖之日起满 1 年又无人领取的，上缴国库。

6. 合同的解除

（1）船舶在装货港开航前，托运人可以要求解除合同。但是，除合同另有约定外，托运人应当向承运人支付约定运费的一半；货物已经装船的，并应当负担装货、卸货和其他与此有关的费用。

（2）船舶在装货港开航前，因不可抗力或者其他不能归责于承运人和托运人的原因致使合同不能履行的，双方均可以解除合同，并互相不负赔偿责任。除合同另有约定外，运费已经支付的，承运人应当将运费退还给托运人；货物已经装船的，托运人应当承担装卸费用；已经签发提单的，托运人应当将提单退还承运人。

（3）因不可抗力或者其他不能归责于承运人和托运人的原因致使船舶不能在合同约定的目的港卸货的，除合同另有约定外，船长有权将货物在目的港邻近的安全港口或者地点卸载，视为已经履行合同。

船长决定将货物卸载的，应当及时通知托运人或者收货人，并考虑托运人或者收货人的利益。

【案例讨论】

某货代公司接受货主委托，安排一批茶叶海运出口。货代公司在提取了船公司提供的集装箱并装箱后，将整箱货交给船公司。同时，货主自行办理了货物运输保险。收货人在目的港拆箱提货时发现集装箱内异味浓重，经查明该集装箱前一航次所载货物为精萘，致使茶叶受精萘污染。

问题：

(1) 收货人可以向谁索赔？为什么？

(2) 最终应由谁对茶叶受污染事故承担赔偿责任？

第四节 航空运输法律法规

航空运输是指物流企业与航空公司签订包机合同或航空货物运输合同来完成的货物运输。在我国航空货物运输要受《民用航空法》《合同法》和《中国民用航空货物国内运输规则》的制约。

一、航空货物运输合同

航空货物运输合同，是指航空承运人与托运人签订的、由航空承运人通过空运的方式将货物运至托运人指定的航空港，交付给托运人指定的收货人，由托运人支付运费的合同。

1. 航空货物运输合同的订立

实践中，航空货物运输合同订立的过程，即要约和承诺的过程，主要表现为托运人托运和承运人承运的过程。

(1) 托运

托运货物凭本人居民身份证或者其他有效身份证件，填写货物托运书，向承运人或其代理人办理托运手续。如承运人或其代理人要求出具单位介绍信或其他有效证明时，托运人也应予提供。托运政府规定限制运输的货物以及需向公安、检疫等有关政府部门办理手续的货物，应当随附有效证明。

1) 货物托运书的填写及基本内容。托运人应当认真填写托运书，对托运书内容的真实性、准确性负责，并在托运书上签字或者盖章。货物托运书的基本内容：

①货物托运人和收货人的具体单位或者个人的全称及详细地址、电话、邮政编码。

②货物品名。

③货物件数、包装方式及标志。

④货物实际价值。

⑤货物声明价值。

⑥普货运输或者急件运输。

⑦货物特性、储运及其他说明。

运输条件不同或者因货物性质不能在一起运输的货物，应当分别填写托运书。

2) 航空货运单应当由托运人填写，连同货物交给承运人。托运人应当对货运单上所填关于货物的说明或声明的正确性负责。如承运人依据托运人提供的托运书填写货运单并经托运人签字，则该货运单应当视为代托运人填写。

货运单一式八份，其中正本三份、副本五份。正本三份为：第一份交承运人，由托运人签字或盖章；第二份交收货人，由托运人和承运人签字或盖章；第三份交托运人，由承运人接受货物后签字盖章。三份具有同等效力。承运人可根据需要增加副本。货运单的承运人联应当自填开货运单次日起保存两年。货运单的基本内容包括：

①填单地点和日期。

②出发地点和目的地点。

③第一承运人的名称、地址。

④托运人的名称、地址。

⑤收货人的名称、地址。

⑥货物品名、性质。

⑦货物的包装方式、件数。

⑧货物的重量、体积或尺寸。

⑨计费项目及付款方式。

⑩运输说明事项。

⑪托运人的声明。

（2）承运

航空承运人对托运人提供的航空货运单和货物，要进行认真的核查，认定货物与货运单的内容是否一致，并有权在必要时会同托运人开箱进行安全检查。如有不符合规定的，承运人可以要求托运人加以改善。如果托运人不改善或者改善后仍不符合规定的话，承运人有权拒绝承运。在检查中发现违禁物品或者危险品的，应当按照有关规定处理。经检查，货物与航空货运单一致的，承运人应予以确认，并签发航空货运单。航空承运人同意对货物进行承运后，航空货物运输合同即告成立。

2. 航空货物运输合同双方的义务

（1）托运人的义务

1）应当按照航空货物运输合同的约定提供货物。如实申报货物的品名、重量和数量；不准夹带禁止运输或者限制运输的物品、危险品、贵重物品、保密文件和资料等。

2）货物包装应当保证货物在运输过程中不致损坏、散失、渗漏，不致损坏和污染飞机设备或者其他物品。托运人应当根据货物性质及重量、运输环境条件和承运人的要求，采用适当的内、外包装材料和包装形式，妥善包装。精密、易碎、怕震、怕压、不可倒置的货物，必须有相适应的防止货物损坏的包装措施。严禁使用草袋包装或草绳捆扎。

托运人应当在每件货物外包装上标明出发站、到达站和托运人、收货人的单位、姓名及详细地址等。托运人应当根据货物性质，按国家标准规定的式样，在货物外包装上张贴航空运输指示标贴。托运人使用旧包装时，必须除掉原包装上的残旧标志和标贴。托运人托运每件货物，应当按规定粘贴或者拴挂承运人的货物运输标签。

3）支付运费。除非托运人与承运人另有约定，运费应当预付。

4）应当提供必需的资料和文件，以便在货物交付收货人前完成法律、行政法规规定的有关手续。

（2）承运人的义务

1）按照航空货运单上填明的地点，在约定的期限内将货物运抵目的地。

2）按照合理或经济的原则选择运输路线，避免货物的迂回运输。

3）对承运的货物应当精心组织装卸作业，轻拿轻放，严格按照货物包装上的储运指示标志作业，防止货物损坏。

4）保证货物运输安全，并按货运单向收货人交付货物。

3. 货物到达和交付

(1) 货物运至到达站后，除另有约定外，承运人或其代理人应当及时向收货人发出到货通知。通知包括电话和书面两种形式。急件货物的到货通知应当在货物到达后 2 小时内发出，普通货物应当在 24 小时内发出。

自发出到货通知的次日起，货物免费保管 3 日。逾期提取，承运人或其代理人按规定核收保管费。

货物被检察机关扣留或因违章等待处理存放在承运人仓库内，由收货人或托运人承担保管费和其他有关费用。

动物、鲜活易腐物品及其他指定日期和航班运输的货物，托运人应当负责通知收货人在到达站机场等候提取。

(2) 收货人凭到货通知单和本人居民身份证或其他有效身份证件提货；委托他人提货时，凭到货通知单和货运单指定的收货人及提货人的居民身份证或其他有效身份证件提货。如承运人或其代理人要求出具单位介绍信或其他有效证明时，收货人应予提供。

承运人应当按货运单列明的货物件数清点后交付收货人。发现货物短缺、损坏时，应当会同收货人当场查验，必要时填写货物运输事故记录，并由双方签字或盖章。

收货人提货时，对货物外包装状态或重量如有异议，应当场提出查验或者重新过秤核对。

收货人提取货物后并在货运单上签收而未提出异议，则视为货物已经完好交付。

(3) 托运人托运的货物与货运单上所列品名不符或在货物中夹带政府禁止运输或限制运输的物品和危险物品时，承运人应当按下列规定处理：

1）在出发站停止发运，通知托运人提取，运费不退。

2）在中转站停止运送，通知托运人，运费不退，并对品名不符的货件，按照实际运送航段另核收运费。

3）在到达站，对品名不符的货件，另核收全程运费。

(4) 货物自发出到货通知的次日起 14 日无人提取，到达站应当通知始发站，征求托运人对货物的处理意见；满 60 日无人提取又未收到托运人的处理意见时，按无法交付货物处理。

对无法交付货物，应当做好清点、登记和保管工作。凡属国家禁止和限制运输物品、贵重物品及珍贵文史资料等货物应当无价移交国家主管部门处理；凡属一般的生产、生活资料应当作价移交有关物资部门或商业部门；凡属鲜活、易腐或保管有困难的物品可由承运人酌情处理。如作毁弃处理，所产生的费用由托运人承担。

经作价处理的货款，应当及时交承运人财务部门保管。从处理之日起 90 日内，如有托运人或收货人认领，扣除该货的保管费和处理费后的余款退给认领人；如 90 日后仍无人认领，应当将货款上交国库。

对于无法交付货物的处理结果，应当通过始发站通知托运人。

4. 货物运输变更

托运人对已办妥运输手续的货物要求变更时，应当提供原托运人出具的书面要求、个人有效证件和货运单托运人联。要求变更运输的货物，应是一张货运单填写的全部货物。运输变更应当符合本规则的有关规定，否则承运人有权不予办理。

承运人应当及时处理托运人的变更要求，根据变更要求，更改或重开货运单，重新核收运费。如果不能按照要求办理时，应当迅速通知托运人。在运送货物前取消托运，承运人可以收取退运手续费。

由于承运人执行特殊任务或天气等不可抗力的原因，货物运输受到影响，需要变更运输时，承运人应当及时通知托运人或收货人，商定处理办法。承运人应当按照下列规定处理运输费用：在出发站退运货物，退还全部运费；在中途站变更到达站，退还未使用航段的运费，另核收由变更站至新到达站的运费；在中途站将货物运至原出发站，退还全部运费；在中途站改用其他交通工具将货物运至目的站，超额费用由承运人承担。

5. 违约责任与索赔

（1）托运人的责任

1）对因在托运货物内夹带、匿报危险物品，错报笨重货物重量，或违反包装标准和规定，而造成承运人或第三者的损失，应当承担赔偿责任。

2）对因没有提供必需的资料、文件，或者提供的资料、文件不充足或者不符合规定造成的损失，除由于承运人或者其受雇人、代理人的过错造成的外，应当对承运人承担责任。

3）未按时缴纳运输费用的，应当承担违约责任。

（2）承运人的责任

1）承运人的赔偿责任。超过货物运输合同约定期限运达的货物，承运人应当按照运输合同的约定进行赔偿。因发生在航空运输期间的事件，造成货物毁灭、遗失或者损坏的，承运人应当承担责任。航空运输期间，是指在机场内、民用航空器上或者机场外降落的任何地点，托运行李、货物处于承运人掌管之下的全部期间，不包括机场外的任何陆路运输、海上运输、内河运输过程；但如果此种陆路运输、海上运输、内河运输是为了履行航空运输合同而装载、交付或者转运，在没有相反证据的情况下，所发生的损失视为在航空运输期间发生的损失。

在货物运输中，经承运人证明，损失是由索赔人或者代行权利人的过错造成或者促成的，应当根据造成或者促成此种损失的过错的程度，相应免除或者减轻承运人的责任。货物在航空运输中因延误造成的损失，承运人应当承担责任；但是，承运人证明本人或者其受雇人、代理人为了避免损失的发生，已经采取一切必要措施或者不可能采取这些相应措施的，不承担责任。

2）承运人的免责事项。承运人证明货物的毁灭、遗失或者损坏完全是由于下列原因之一造成的，不承担责任：

①货物本身的自然属性、质量或者缺陷。

②承运人或者其受雇人、代理人以外的人包装货物的，货物包装不良。

③战争或者武装冲突。

④政府有关部门实施的与货物入境、出境或者过境有关的行为。

3）承运人的责任限额。由于承运人的原因造成货物丢失、短缺、变质、污染、损坏，应按照下列规定赔偿：货物没有办理声明价值的，承运人按照实际损失的价值进行赔偿，但赔偿最高限额为毛重每公斤人民币 20 元；已向承运人办理货物声明价值的货物，按声明的价值赔偿；如承运人证明托运人的声明价值高于货物的实际价值时，按实际损失赔偿。

经证明，航空运输中的损失是由于承运人或者其受雇人、代理人的故意或者明知可能造成损失而轻率地作为或者不作为造成的，承运人无权援用有关赔偿责任限制的规定；证明承运人的受雇人、代理人有此种作为或者不作为的，还应当证明该受雇人、代理人是在受雇、代理范围内行事。

就航空运输中的损失向承运人的受雇人、代理人提起诉讼时，该受雇人、代理人证明他是在受雇、代理范围内行事的，有权援用有关赔偿责任限制的规定。在这种情形下，承运人及其受雇人、代理人的赔偿总额不得超过法定的赔偿责任限额。经证明，航空运输中的损失是由于承运人的受雇人、代理人的故意或者明知可能造成损失而轻率地作为或者不作为造成的，不适用上述规定。

（3）索赔

托运人或收货人发现货物有丢失、短缺、变质、污染、损坏或延误到达情况，收货人应当场向承运人提出，承运人应当按规定填写运输事故记录并由双方签字或盖章。如有索赔要求，收货人或托运人应当于签发事故记录的次日起，按法定时限向承运人或其代理人提出索赔要求。向承运人提出赔偿要求时应当填写货物索赔单，并随附货运单、运输事故记录和能证明货物内容、价格的凭证或其他有效证明。

超过法定索赔期限收货人或托运人未提出赔偿要求，则视为自动放弃索赔权利。

索赔要求一般在到达站处理。承运人对托运人或收货人提出的赔偿要求，应当在 2 个月内处理答复。

不属于受理索赔的承运人接到索赔要求时，应当及时将索赔要求转交有关的承运人，并通知索赔人。

二、包机合同

1. 包机合同的概念

包机合同，是指航空公司按照合同约定的条件把整架飞机或飞机的部分舱位租给包机人，把货物由一个或几个航空港运到指定目的地，并由包机人支付约定费用的合同。包机分为整机包机和部分包机。整机包机是指航空公司把整架飞机租给一个包机人的航空运输方式。而部分包机是指由几家包机人联合包租一架飞机，或者由航空公司把一架飞机的舱位分别租给几家包机人的航空运输方式。

2. 包机合同的订立

包机人申请包机，凭单位介绍信或个人有效身份证件与承运人联系协商包机运输条件，双方同意后签订包机合同。包机人与承运人应当履行包机合同规定的各自承担的责任和义务。

包机人和承运人执行包机合同时，每架次货物包机应当填制托运书和货运单，作为包机的运输凭证。

包机人和承运人可视货物的性质确定押运员，押运员凭包机合同办理机票并按规定办理乘机手续。

3. 包机合同双方的义务

(1) 包机人的义务

1) 包用飞机的吨位，由包机人充分利用。承运人如需利用包机剩余吨位应当与包机人协商。

2) 提供包机合同中约定的货物，并对货物进行妥善的包装。

3) 按照约定支付费用。包机人提出变更包机前，承运人因执行包机任务已发生调机的有关费用应当由包机人承担。

(2) 出租人的义务

1) 按照合同约定提供适宜货物运输的飞机或舱位。

2) 按照合同约定的期限将货物运到目的地。

3) 保证货物运输的安全。

三、国际航空货物运输

在国际航空货物运输方面，我国主要按照《统一国际航空运输某些规则的公约》(以下称《华沙公约》) 及《海牙议定书》执行。另外《民用航空法》和《中国民用航空货物国际运输规则》也对国际航空货物运输中的相关问题作出了特殊规定。

1. 货物的托运和承运

国际航空货物运输的托运和承运的过程与国内航空运输基本一致，只是在航空货运单的填写方面，国际航空运输明确要求航空货运单应当由托运人填写，同时明确了承运人根据托运人的请求填写货运单的，在没有相反证据的情况下，应当视为代托运人填写，进一步明确了承运人和托运人之间填制货运单的责任。

2. 合同双方的义务

在托运人和承运人的义务方面，国际航空货物运输与国内航空货物运输是一致的。

3. 承运人的责任

国际航空货物运输中承运人的责任与国内航空货物运输的相关规定有所不同，主要表现在承运人的免责事项和责任限额方面。

(1) 承运人的免责事项

《民用航空法》虽然没有对承运人的免责事项作特别规定，但《华沙公约》和《海牙议定书》规定，在下列情况下，承运人可以免除或减轻其责任：

1) 如果承运人证明自己和他的代理人为了避免损失的发生，已经采取了一切必要的措施，或者不可能采取这些相应措施时，即可免责。

2) 如果承运人能证明损失是由于受损方的过失所引起或促成的，则可视情况免除或减轻责任。

(2) 承运人的责任限额

《民用航空法》规定，国际航空货物运输承运人的赔偿责任限额为每千克 17 计算单位(《民用航空法》所称计算单位，是指国际货币基金组织规定的特别提款权)。托运人在交运货物时，特别声明在目的地点交付时的利益，并在必要时支付附加费的，除承运人证明托运人声明的金额高于货物在目的地点交付时的实际利益外，承运人应当在声明金额范围内承担责任。货物的一部分或者货物中的任何物件毁灭、遗失、损坏或者延误的，用以确定承运人赔偿责任限额的重量，仅为该一包件或者数包件的总重量；但是，因货物的一部分或者货物中的任何物件的毁灭、遗失、损坏或者延误，影响同一份航空货运单所列其他包件的价值的，确定承运人的赔偿责任限额时，此种包件的总重量也应当考虑在内。

《民用航空法》还规定，在国际航空运输中，承运人同意未经填具航空货运单而载运货物的，或者航空货运单上未依照所适用的国际航空运输公约的规定而在首要条款中做出此项运输适用该公约的声明的，承运人无权援用《民用航空法》第129条有关赔偿责任限制的规定。

至于《华沙公约》，则规定货物的灭失、损坏或迟延交付，承运人的最高赔偿限额为每千克250货币单位（此种货币单位相当于含有千分之九百纯度的六十五点五毫克的黄金）。但托运人在向承运人交货时，特别声明货物运到后的价值，并已缴付必要的附加费，则不在此限。《海牙议定书》还规定，如经证明造成损失系出于承运人、其受雇人或代理人故意造成损失或明知可能造成损失而漠不关心的行为或不作为，并证明他是在执行其受雇职务范围内的行为的，则不适用公约的责任限额。

4. 有关国际航空货物运输的国际公约

《华沙公约》是1929年颁布并于1933年12月生效的，是目前国际上有关航空运输量主要的也是最基本的公约，已有100多个国家和地区加入了该公约。我国在1958年加入了该公约。1955年颁布的《海牙议定书》是《华沙公约》的修订，我国已于1975年加入了修改《华沙公约》的《海牙议定书》。1961年颁布的《统一非缔约承运人所办国际航空运输某些规则以补充华沙公约的公约》（简称《瓜达拉哈拉公约》），我国不是签约国。

现以《华沙公约》为主线，介绍三个公约的基本内容。

（1）航空货运单

《华沙公约》规定，航空货运单是订立合同、接受货物和运输条件的初步证据。航空运单的缺少、不合规定或灭失，不影响运输合同的存在和有效。货物承运人有权要求托运人填写航空货运单，托运人有权要求承运人接受这项凭证。

（2）承运人的责任

《华沙公约》规定，承运人应对货物在航空运输期间发生的因毁灭、遗失或损坏而产生的损失负责。航空运输期间包括货物在承运人保管下的整个期间，不论在航空站内、在航空器上或在航空站外降停的任何地点。航空运输期间不包括在航空站以外的任何陆运、海运或河运，但如果该项运输是为了履行航空运输合同而进行的装载、交货或转运空运货物的运输，如发生损失，也应视为是在航空运输期间发生的，除非有相反的证据，承运人也应对该损失负责。承运人还应对在航空运输中因延误而造成的货物损失负责。

（3）承运人责任的免除与减轻

《华沙公约》规定，承运人在下列情况下可以免除或减轻其责任。

1）如承运人能证明他和他的代理人或受雇人为了避免损失，已经采取了一切必要的措施，或不可能采取这种措施时，承运人对货物的损失可不负责任。

2）如承运人证明损失的发生是由于驾驶中、航空器的操作中或航行中的过失引起的，并证明他和他的代理人已经在其他一切方面已经采取了必要的措施以避免损失时，承运人对货物的损失可不负责任。

3）如承运人证明受害人自己的过失是造成损失的原因或原因之一，则法院可依法免除或减轻承运人的责任。

（4）承运人的责任限额

《华沙公约》规定的承运人对货物灭失、损害或延迟交货的责任，以每千克 250 货币单位为限，但托运人特别声明货物价值并已缴付必要的附加费的不在此限。同时又规定如货物损失的发生是由于承运人或其代理人的故意的不当行为或过失引起的，则承运人无权免除或限制其责任。《海牙议定书》将“故意的不当和行为”改为“故意造成或明知可能造成而漠不关心的行为或不作为”。

（5）索赔期限和诉讼时效

《华沙公约》规定：在货物损坏、灭失的情况下，收货人应在收到货物后 7 日内提出异议，在延迟交付的情况下，应在货物由收货人支配起 14 日内提出异议。

《海牙议定书》延长了索赔期限，将前者延长为 14 天，后者延长为 21 天。《华沙公约》规定的诉讼时效是自航空器到达目的地或应该到达之日起两年。

【案例讨论】

2000 年 2 月，中国化工建设大连公司要将 80 桶“8-羟基喹啉”化工产品从北京空运至印度马德拉斯。3 月 15 日，航班从北京飞抵马来西亚吉隆坡梳邦机场，中转卸货过程中，工作人员发现涉案货物泄漏，腐蚀性很强，飞机严重受损，5 名工作人员吸入化学气体发生晕厥，送往医院紧急治疗后才避免了严重后果。当马航致函大连化建公司询问托运货物情况后，大连公司回复表示，托运的不是“8-羟基喹啉”，而是 80 桶草酰氯，并说明草酰氯是无色发烟液体，属酸性腐蚀物品，具有刺鼻气味，并对人体具有侵害力。大连公司曾致函马航，希望通过海运收回这批草酰氯，但遭到拒绝。之后，马来西亚民航局下令销毁这批“有害物质”草酰氯。2001 年 2 月 28 日，法国空中客车工业公司出具了飞机修理成本估算报告，认为飞机修理成本将可能超过 8 900 万美元，而且即使勉强修理好飞机，也得不到飞行安全保障，因此认定飞机已无修理价值。马航公司根据上述报告结论和飞机原始保险合同的有关约定，宣告飞机全损，并将飞机机身及引擎拆分出售。飞机报废后，马来西亚保险公司等 5 家境外保险公司依据飞机原始保险合同和再保险合同的约定，向马航公司支付了飞机约定价值全部 9 500 万美元的保险赔偿。2002 年 3 月 13 日，马航和马来西亚保险公司等 5 家境外保险公司将大连化建公司及嘉里大通物流有限公司等 6 家与此事件有关的公司诉至北京市高级人民法院，2002 年 12 月 5 日北京高院一审判决大连化建公司赔偿 5 家境外保险公司 6 500 余万美元。

问题：

航空运输合同托运人的义务是什么？

第五节　多式联运法律法规

国际货物多式联运是在集装箱运输基础上发展起来的，以实现货物整体运输的最优化效益为目的的一种国际货物运输组织形式。由于集装箱运输的飞速发展，使多式联运成为国际货物运输业的主要方式之一。它打破了过去海、陆、空等单一运输方式互不连贯的传统做法，而将海、铁、公、空等单一运输方式有机结合起来连为一体，构成一种跨国（地区）的连贯运输方式。

一、多式联运合同

1. 多式联运合同的概念

多式联运合同，是指多式联运经营人以两种以上的不同运输方式，其中一种是海上运输方式，负责将货物从接收地运至目的地交付收货人，并收取全程运费的合同。多式联运经营人，是指本人或者委托他人以本人名义与托运人订立多式联运合同的人。

多式联运承运人不仅是订立多式联运合同的承运人，也是对全程运输负责的承运人。他既不是旅客或者托运人的代理人或代表，也不是参加多式联运的承运人的代理人或代表，或者不是参加联运各区段的具体承运人。多式联运承运人负有履行合同的全部责任，这是他与各区段具体承运人的主要区别所在。

2. 多式联运合同的订立

（1）托运人或旅客与经营多式联运业务的经营人订立合同

在此情况下，先是由托运人或者旅客与经营多式联运业务的经营人订立承揽运输合同，联运经营人为合同的承揽运输人（也即多式联运承运人）一方，托运人或旅客为合同的另一方。然后，联运经营人与各承运人签订运输协议。在这种情形下，联运经营人以自己的名义与托运人或旅客签订运输合同，承担全程运输，而实际上经营人于承揽运输任务后再将运输任务交由其他承运人完成。但托运人或旅客仅与联运经营人直接发生运输合同关系，而与实际承运人并不直接发生合同关系。因此，联运经营人处于一般运输合同的承运人的地位，享受相应的权利，并承担相应的责任。至于联运经营人与实际承运人之间的关系，则依其相互间的协议而定。

（2）托运人或旅客与第一承运人订立运输合同

在此种情况下，各个承运人为合同的一方当事人，而托运人或旅客为另一方当事人。各个承运人虽均为联运合同的当事人，但只有第一承运人代表其他承运人与托运人或旅客签订运输合同，其他承运人并不参与订立合同。第一承运人则为联运承运人。

3. 多式联运单据

多式联运经营人收到托运人交付的货物时，应当签发多式联运单据。按照托运人的要求，多式联运单据可以是可转让单据，也可以是不可转让单据。多式联运单据应当载明下列事项：

（1）货物品类、标志、危险特征的声明、包数或者件数、重量，货物的外表状况。

（2）多式联运经营人名称和主要营业地。

(3) 托运人名称。

(4) 收货人名称。

(5) 多式联运经营人接管货物的时间、地点。

(6) 交付货物的地点和约定的交货日期或者期间。

(7) 多式联运经营人或其授权人的签字及单据的签发日期、地点。

(8) 运费的交付。

(9) 多式联运单据可转让或者不可转让的声明。

(10) 预期运输经由路线、运输方式以及换装地点等。

4. 多式联运合同双方的义务

(1) 托运人的义务

1) 托运人应当对多式联运单据上所填关于货物的说明和声明的正确性负责。

2) 托运人应对货物进行合理包装和正确标记。

3) 托运人应保证托运货物符合国家相关法规，托运危险物品应事先申报。

4) 按照约定支付各种运输费用。

(2) 多式联运经营人的义务

1) 承运人应当认真检查托运人提供的货物状况，核对与多式联运单据的内容是否一致。

2) 承运人应当及时提供适合装载货物的运输工具。

3) 各承运人应在交接货物过程中认真核对，分清各自的运输责任。

4) 货物到达目的地后，承运人应及时通知收货人取货并负有向收货人交付货物的义务。

二、多式联运经营人的责任

1. 责任期间

多式联运经营人的责任期间是指多式联运经营人对所运输保管的货物负责的期间。托运人可以要求多式联运经营人对在其责任期间发生的货物灭失、损坏和迟延交付负赔偿责任。《海商法》的第103条规定："多式联运经营人对多式联运货物的责任期间，自接收货物时起至交付货物时止。"《合同法》第318条亦规定："多式联运经营人可以与参加多式联运的各区段承运人就多式联运合同的各区段运输约定相互之间的责任，但该约定不影响多式联运经营人对全程运输承担的义务。"

2. 多式联运的责任制类型

多式联运经营人的责任形式决定了托运人可以要求多式联运经营人对哪些损失负责以及负什么样的责任，因而，托运人对多式联运经营人的责任形式要有充分的了解。目前，多式联运责任制类型有以下四种。

(1) 责任分担制。也称分段责任制，是多式联运经营人对货主并不承担全程运输责任，仅对自己完成的区段货物运输负责，各区段的责任原则按该区段适用的法律予以确定。

由于这种责任形式与多式联运的基本特征相矛盾，因此，只要多式联运经营人签发了全程多式联运单据，即使在多式联运单据中声称采取这种形式，也可能会被法院判定此种约定无效而要求其承担全程运输责任。

(2) 网状责任制。是指多式联运经营人尽管对全程运输负责，但对货运事故的赔偿原则仍按不同运输区段所适用的法律规定，当无法确定货运事故发生区段时则按海运法规或双方约定原则加以赔偿。目前，几乎所有的多式联运单据均采取这种赔偿责任形式。

(3) 统一责任制。是指多式联运经营人对货主赔偿时不考虑各区段运输方式的种类及其所适用的法律，而是对全程运输按一个统一的原则并一律按一个约定的责任限额进行赔偿。由于现阶段各种运输方式采用不同的责任基础和责任限额，因而目前多式联运经营人签发的提单均未能采取此种责任形式。

(4) 经修订的统一责任制。这是介于统一责任制与网状责任制之间的责任制，也称混合责任制。它在责任基础方面与统一责任制相同，在赔偿限额方面则与网状责任制相同。即多式联运经营人对全程运输负责，各区段的实际承运人仅对自己完成区段的运输负责。无论货损发生在哪一区段，多式联运经营人和实际承运人都按公约规定的统一责任限额承担责任。但如果货物的灭失、损坏发生于多式联运的某一特定区域，而对这一区段适用的一项国际公约或强制性国际法律规定的赔偿责任限额高于多式联运公约规定的赔偿责任限额时，多式联运经营人对这种灭失、损坏的赔偿应按照适用的国际公约或强制性国际法律予以确定。目前，《联合国国际货物多式联运公约》基本上采取这种责任形式。

3. 我国所采用的责任形式

我国的法律法规在多式联运经营人的责任形式方面一致采用了网状责任制。《海商法》规定，多式联运经营人负责履行或者组织履行多式联运合同，并对全程运输负责。多式联运经营人与参加多式联运的各区段承运人，可以就多式联运合同的各区段运输，另以合同约定相互之间的责任。但此项合同不得影响多式联运经营人对全程运输所承担的责任。货物的灭失或者损坏发生于多式联运的某一运输区段的，多式联运经营人的赔偿责任和责任限额，适用调整该区段运输方式的有关法律法规。货物的灭失或者损坏发生的运输区段不能确定的，多式联运经营人应当依照《海商法》第 4 章关于承运人赔偿责任和责任限额的规定负赔偿责任。

《国际集装箱多式联运管理规则》则作了如下规定，货物的灭失、损坏或迟延交付发生于多式联运的某一区段的，多式联运经营人的赔偿责任和责任限额，适用该运输区段的有关法律、法规。不能确定所发生的区段时，多式联运经营人承担赔偿责任的赔偿责任限制为：多式联运全程中包括海运的适用于《海商法》的规定；多式联运全程中不包括海运的适用于其他相关法律、法规的规定。

三、国际货物多式联运法律制度

在国际货物多式联运领域内，较有影响的国际公约主要有 3 个：1980 年的《联合国国际货物多式联运公约》、1973 年的《联运单证统一规则》，以及 1991 年的《多式联运单证规则》。但第一个公约至今尚未生效，而后两个则是民间规则，而非强制性的公约，仅供当事人选择适用。这 3 个公约与我国的规定相比较，主要的不同点在于联运经营人的责任制度不同。

1. 多式联运经营人的责任基础

我国采用网状责任制，而三个公约则分别采取不同的责任制度。

(1)《联合国国际货物多式联运公约》的规定

该公约实行修正后的统一责任制。多式联运经营人对全程运输负责。不管是否能够确定货运事故发生的实际运输区段，都适用公约的规定。但是，若货运事故发生的区段适用的国际公约或强制性国家法律规定的赔偿责任限额高于公约规定的赔偿责任限额，则应该按照该国际公约或国内法的规定限额进行赔偿。

该公约实行推定过失责任制，即如果造成货物灭失、损坏或迟延交付的事故发生在联运责任期间，联运经营人就应负赔偿责任，除非联运经营人能证明其本人、雇佣人或代理人等为避免事故的发生及后果已采取了一切所能合理要求的措施。

(2)《联运单证统一规则》的规定

该规则实行网状责任制。如果能够确定灭失、损坏发生的运输区段，多式联运经营人的责任应按适用于该运输区段的强制性国内法或国际公约的规定办理。如不能确定灭失、损坏发生的区段，则按本规则的规定办理。

该规则对多式联运经营人实行推定过失责任制，具体规定类似于《汉堡规则》的承运人推定过失责任制。

(3)《多式联运单证规则》的规定

该规则实行一种介于网状责任制和统一责任制之间的责任形式。总体上采用推定过失责任原则，但是对于水上运输的区段，实际上仍采用了《维斯比规则》的不完全过失责任制。该规则规定，多式联运经营人对海上或内河运输中由于下列原因造成的货物灭失或损坏以及迟延交付，不负赔偿责任：船长、船员、引航员或受雇人在驾驶或管理船舶中的行为、疏忽或过失，火灾（除非由于承运人的实际过失或私谋而造成）。

2. 多式联运经营人的赔偿责任限额

三大公约在责任限额方面的规定不尽相同。

(1)《联合国国际货物多式联运公约》的规定

该公约规定，多式联运包括水运者，每包或其他货运单位的最高赔偿数额不得超过920特别提款权，或者按毛重每千克不得超过2.75特别提款权计算，以其中较高者为准；如联运中不包括水运，则按毛重每千克不超过8.33特别提款权计算，单位限额不能适用。关于迟延交付的限额为所迟延交付的货物应付运费的总额。如经证明，货物的灭失、损坏或迟延交付系多式联运经营人的故意或者明知可能造成的后果而轻率地作为或不作为所引起，多式联运经营人便丧失了上述责任限制的权利。

(2)《联运单证统一规则》的规定

该规则规定，如果能够知道货物损失发生的运输区段，多式联运经营人的责任限额依据该区段适用的国际公约或强制性国内法的规定确定。如果不能确定损失发生的区段，则责任限额为货物毛重每千克30货币单位，除非经联运经营人同意，发货人已就货物申报较高的价值，则不在此限。但是，在任何情况下，赔偿金额都不应超过有权提出索赔的人的实际损失。

(3)《多式联运单证规则》的规定

该规则规定，如果能够确定货物损失发生的运输区段，则应适用该区段适用的国际公约或强制性国内法确定的责任限额。如不能确定损失发生的区段，如果运输方式中包含水运，其责任限额为每件或每单位666.67特别提款权或者毛重每千克2特别提款权，以其中较高的为准；如果不包含水运，责任限额则为每千克8.33特别提款权。如果发货人已对货物价值作出声明的，则应以声明价值为限。

【案例讨论】

2010 年 2 月 4 日，湖北某造纸厂（甲方）要托运一批纸张从宜昌出发，经水运到重庆段，经铁路到达目的地成都，由收货人大邑县某商店联系短途运输运送至大邑。

甲方于当日向某港（乙方）提出“水陆联运货物运单”一份。乙方接受承运，于 2010 年 2 月 7 日根据“水陆联运货物运单”填写“水陆联运货票”共四联，甲联报起运地航运局财务部门；乙联随货物到换装地点，报接运铁路局财务部门，作为铁路和水路之间的费用清算联；丁联随同货物递交到达地点，由到达站报主管局财务部门或由到达港存查；丙联由起运港存查。在“货票”中的“到达港或到站”栏内，甲方填写的是“成都站”，“收货人”栏内填写的是“大邑县某文化用品商店”，但未将承担短途运输的大邑县汽车运输公司填入“收货人”栏。2 月 13 日，甲方将托运货物交由乙方装运上船，途经铁路部门换装接运后，到达终点站成都站。由于大邑县汽车运输公司迟迟未收到通知安排短途运输，致使货物在成都滞留 10 天，遂产生纠纷。

法院经审理，认定了上述事实。法院认为，在甲方填写运单时，由于自己的过错，未将承担短途运输的汽车公司填入收货人栏内，造成承运人无法及时通知收货人以及汽车公司无法获得通知并运输货物，对于因此而造成的货物损失，应由甲方自行承担。

问题：

多式联运托运人和承运人各自有哪些义务？

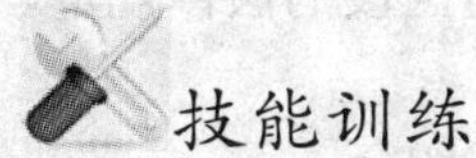

技能训练

签订一份多式联运合同

甲方：＿＿＿＿＿＿＿＿（托运人）　乙方：＿＿＿＿＿＿＿＿（承运人）

法定代表人：＿＿＿＿＿＿＿＿　法定代表人：＿＿＿＿＿＿＿＿

法定地址：＿＿＿＿＿＿＿＿　法定地址：＿＿＿＿＿＿＿＿

邮编：＿＿＿＿＿＿＿＿　邮编：＿＿＿＿＿＿＿＿

经办人：＿＿＿＿＿＿＿＿　经办人：＿＿＿＿＿＿＿＿

联系电话：＿＿＿＿＿＿＿＿　联系电话：＿＿＿＿＿＿＿＿

传真：＿＿＿＿＿＿＿＿　传真：＿＿＿＿＿＿＿＿

银行账户：＿＿＿＿＿＿＿＿　银行账户：＿＿＿＿＿＿＿＿

甲乙双方经过友好协商，就办理甲方货物多式联运事宜达成如下合同：

1. 甲方应保证如实提供货物名称、种类、包装、件数、重量、尺码等货物状况，由于甲方虚报给乙方或者第三方造成损失的，甲方应承担损失。

2. 甲方应按双方商定的费率在交付货物＿＿＿＿天之内将运费和相关费用付至乙方账户。甲方若未按约定支付费用，乙方有权滞留提单或者留置货物，进而依法处理货物以补偿损失。

3. 托运货物为特种货或者危险货时，甲方有义务向乙方做详细说明。未作说明或者说明不清的，由此造成乙方的损失由甲方承担。

4. 乙方应按约定将甲方委托的货物承运到指定地点，并应甲方的要求，签发联运提单。

5. 乙方自接货开始至交货为止，负责全程运输，对全程运输中乙方及其代理或者区段承运人的故意或者过失行为而给甲方造成的损失负赔偿责任。

6. 乙方对下列原因所造成的货物灭失和损坏不负责任

(1) 货物由甲方或者代理人装箱、计数或者封箱的，或者装于甲方的自备箱中。

(2) 货物的自然特性和固有缺陷。

(3) 海关、商检、承运人行使检查权所引起的货物损耗。

(4) 天灾，包括自然灾害，例如但不限于雷电、台风、地震、洪水等，以及意外事故，例如但不限于火灾、爆炸、由于偶然因素造成的运输工具的碰撞等。

(5) 战争或者武装冲突。

(6) 抢劫、盗窃等人为因素造成的货物灭失或者损坏。

(7) 甲方的过失造成的货物灭失或者损坏。

(8) 罢工、停工或者乙方雇佣的工人劳动受到限制。

(9) 检疫限制或者司法扣押。

(10) 非由于乙方或者乙方的受雇人、代理人的过失造成的其他原因导致的货物灭失或者损坏，对于第 (7) 项免除责任以外的原因，乙方不负举证责任。

7. 货物的灭失或者损坏发生于多式联运的某一区段，乙方的责任和赔偿限额，应该适用该区段的法律规定。如果不能确定损坏发生区段的，应当适用调整海运区段的法律规定，不论是根据国际公约还是根据国内法。

8. 对于逾期支付的款项，甲方应按每日万分之五的比例向乙方支付违约金。

9. 由于甲方的原因（如未及时付清运费及其他费用而被乙方留置货物或滞留单据或提供单据迟延而造成货物运输延迟）所产生的损失由甲方自行承担。

10. 合同双方可以依据《合同法》的有关规定解除合同。

11. 乙方在运输甲方货物的过程中应尽心尽责，对于因乙方的过失而导致甲方遭受的损失和发生的费用承担责任，以上损失不包括货物因延迟等原因造成的经济损失。在任何情况下，乙方的赔偿责任都不应超出每件________元人民币或每公斤________元人民币的责任限额，两者以较低的限额为准。

12. 本合同项下发生的任何纠纷或者争议，应提交中国海事仲裁委员会，根据该会的仲裁规则进行仲裁。仲裁裁决是终局的，对双方都有约束力。本合同的订立、效力、解释、履行、争议的解决均适用中华人民共和国法律。

13. 本合同从甲乙双方签字盖章之日起生效，合同有效期为________天，合同期满之日前，甲乙双方可以协商将合同延长________天。合同期满前，如果双方中任何一方欲终止合同，应提前________天，以书面的形式通知另一方。

14. 本合同经双方协商一致可以进行修改和补充，修改及补充的内容经双方签字盖章后，视为本合同的一部分。本合同正本一式________份。

甲方（盖章）：________　　　　乙方（盖章）：________

法定代表人（签字）：________　　　　法定代表人（签字）：________

____年____月____日　　　　____年____月____日

签订地点：________　　　　签订地点：________

思考与练习

一、单项选择题

1. 在汽车货物运输中，托运人一次托运货物计费重量（　　）吨以上，或不足（　　）吨但其性质、体积、形状需要一辆汽车运输的，为整批货物运输。

A. 1　　B. 3　　C. 5　　D. 7

2. 各种土、垃圾在汽车货物运输中属于（　　）。

A. 一等货物　　B. 二等货物　　C. 三等货物　　D. 等外货物

3. 《铁路法》规定，自铁路运输企业发出领取货物通知之日起满（　　）仍无人领取的货物，或者收货人书面通知铁路运输企业拒绝领取的货物，铁路运输企业应当通知托运人，托运人自接到通知之日起满 30 日未作答复的，由铁路运输企业变卖。

A. 10 日　　B. 20 日　　C. 30 日　　D. 一个月

4. 《海商法》规定，承运人对货物的灭失或者损坏的赔偿限额，按照货物件数或者其他货运单位数计算，每件或者每个其他货运单位为 666.67 计算单位，或者按照货物毛重计算，每千克为 2 计算单位，以（　　）为准。

A. 二者中赔偿限额较高的

B. 二者中赔偿限额较低的

C. 二者中赔偿限额计算的平均数

D. 收货人或者发货人在二者赔偿限额自由选择

5. 提单的性质有（　　）。

A. 提单是货物收据　　B. 提单是物权凭证

C. 提单是运输合同　　D. 提单是运输合同的证明

6. （　　）不是规范提单的国际公约。

A. 《海牙规则》　　B. 《维斯比规则》

C. 《汉堡规则》　　D. 《纽约规则》

7. 承运人知道危险货物的性质并已同意装运的，仍然可以在该项货物对于船舶、人员或者其他货物构成实际危险时（　　）。

A. 将货物卸下、销毁或者使之不能为害，但应承担赔偿责任

B. 将货物卸下、销毁或者使之不能为害，而不承担赔偿责任

C. 将货物卸下、销毁或者使之不能为害，酌情承担赔偿责任

D. 将货物卸下、销毁或者使之不能为害，适当承担赔偿责任

8. 《海商法》第 89 条规定，船舶在装货港开航前，托运人可以要求解除合同。但是，除合同另有约定外，托运人应当向承运人支付约定运费的（　　）。

A. 全部　　B. 二分之一　　C. 三分之一　　D. 四分之一

9. 《民用航空法》规定，国际航空货物运输承运人的赔偿责任限额，为每千克（　　）计算单位（特别提款权）。

A. 10　　　B. 17　　　C. 20　　　D. 30

10. 我国的法律法规在多式联运经营人的责任形式方面一致采用了（　　）。

A. 责任分担制　　　B. 网状责任制

C. 统一责任制　　　D. 经修订的统一责任制

二、简答题

1. 在汽车货物运输中，对于托运人派人押运的情况是如何规定的？
2. 在国内水路货物运输中，承运人的免责事由是如何规定的？
3. 试分析铁路运输、海运、空运三种运输方式下的承运人责任限额制度。
4. 试述多式联运经营人的责任期间。

第五章

物流配送与流通加工法律法规

第一节　配送合同

一、配送合同基础知识

1. 配送合同的含义

配送合同是配送经营人与配送委托人之间有关确定配送服务的权利和义务的协议，是配送经营人收取费用，将委托人委托的物品在约定的时间和地点交付给收货人而订立的合同。委托人可以是收货人、发货人、贸易经营人、商品出售人、商品购买人、物流经营人、生产企业等配送物的所有人或占有人，也可以是企业、组织或者个人。

2. 配送合同的性质

（1）配送合同是无名合同

配送合同不是《合同法》中的有名合同，不能直接引用《合同法》中的有名合同的规范。它需要依据《合同法》总则的规范，并参照运输合同、仓储合同、保管合同的有关规范，通过当事人签署完整的合同来调整双方的权利和义务。

（2）配送合同是有偿合同

配送是一种产品，配送经营人需要投入相应的物化成本和劳动力才能实现产品的生产。配送经营的营利性决定了配送合同的有偿性。

（3）配送合同是诺成合同

诺成合同表示这种合同成立即可生效。当事人对配送关系达成一致意见时配送合同即告成立，合同也就生效。配送合同成立后，配送方需要为履行合同组织力量，安排人力、物力，甚至要投入较多的资源，购置设备，聘请人员，如果合同不能生效，显然对配送经营人极不公平，因而配送合同必须是诺成合同。当事人在合同订立后没有依据合同履行义务，就构成违约。当然，当事人可以在合同中确定合同开始履行的时间或条件，时间未到或条件未成熟时虽然合同未开始履行，但并不构成合同未生效。

（4）配送合同是期限合同

配送活动具有相对长期性的特性，配送过程需要持续一段时间，以便开展有计划、小批量、不间断的配送，实现配送的经济目的。如果只是一次性的送货，则成了运输关系而非配送关系。因而配送合同一般是期限合同。

3. 配送合同的类型

(1) 配送服务合同

是指配送人接收客户的货物予以保管，并按用户的要求对货物进行拣选、加工、包装、分割、组配作业后，最后在指定时间送至客户指定地点，由客户支付配送服务费的合同。这是一种单纯提供配送服务的合同，双方当事人仅就货物的交接、配货、运送等事项规定各自的权利义务，不涉及货物所有权。配送人不能获得商品销售的收入，仅因提供了存储、加工、运送等业务而获得服务费收益。这种合同类似于《合同法》中的委托合同。配送方是受托人，客户是委托人。有时也类似于运输合同，配送方是承运人，客户是托运人。在配送服务合同中，配送人对产品的内在质量问题不承担责任。对于物流配送服务合同，可以参照委托合同或运输合同的相关规定。

(2) 销售配送合同

这类合同是指配送人在将物品的所有权转移给用户的同时为用户提供服务，由用户支付配送费的合同。在配送、销售、供应一体化配送中，销售企业与购买人签订销售配送合同。销售企业出于促销的目的，在向用户出售商品的同时又向其承诺提供配送服务。在这种配送合同中，销售企业向用户收取配送费时，可能在商品的价款外，再收取一定数额的配送服务费。物流企业与用户签订的销售配送合同，是一种商流物流合一的配送服务形式。用户将自己需要的产品型号、种类、要求、规格、颜色、数量等信息提供给物流企业，由物流企业负责按此订货、购货、配货及送货。在这种方式中，物流企业与用户签订的配送合同，除约定配送人向用户提供配送服务外，还会就特定货物的交易条件达成一致，实质上是买卖合同与配送服务合同紧密结合的有机体。

4. 配送合同的内容

(1) 合同的当事人

当事人的名称和地址。

(2) 配送合同的标的

配送合同的标的就是将配送物品有计划地在确定的时间和地点交付收货人。配送合同的标的是一种行为，因而配送合同是行为合同。

(3) 配送方法

配送方法也叫配送要求，是双方协商同意配送所要达到的标准，是合同标的的完整细致的表达，根据委托方的要求和配送方的能力协商确定。需要在合同中明确时间及其间隔、发货地点或送达地点、数量等配送资料。

(4) 标的物

被配送的物品，可以是生产资料或生活资料，但必须是动产，有形的资产。配送物的种类、包装、单重、尺度、体积、性质等决定了配送的操作方法和难易程度，必须在合同中明确。

(5) 配送费及支付条款

配送人的配送费应该弥补其开展配送业务的成本支出和获取可能得到的收益。合同中需要明确配送费的计价标准和计费方法，或者总费用，以及费用支付的方法。在合同期间因为构成价格的成本要素价格发生变化，允许对配送价格进行适当的调整。

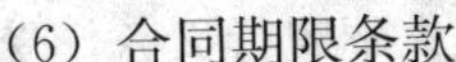

（6）合同期限条款

对于按时间履行的合同，必须在合同中明确合同的起止时间，用明确的日期方式表达。

（7）合同变更与解除条款

配送合同都需要履行很长的时间，在这一过程中，有可能出现合同的违约现象，所以在合同中要明确合同的解除条件、解除程序。

（8）争议解决条款

合同发生争议时，处理方法主要是约定仲裁、仲裁机构、约定管辖的法院。

（9）合同签署

合同由双方的法定代表人签署，并加盖企业合同专用章。私人订立合同的由本人签署。合同的签署时间为合同订立的时间。

二、配送合同的制定

由于配送活动是集装卸、包装、分拣、保管、加工、配货、运输等一系列活动于一身的活动，因此物流配送合同所涉及的法律法规比较繁杂，它具有仓储合同、运输合同、买卖合同和委托合同的某些特征，是《合同法》中的一种无名合同。签订物流配送合同主要依据《合同法》。

1. 委托合同的概念

委托合同，是指委托人和受托人约定，由受托人处理委托事务的合同。代理人代理权的取得往往是基于委托合同，由委托人以委托合同的形式授予代理人以代理权。国际货运代理人应该是委托合同中的受托人。

2. 委托合同当事人的义务

（1）受托人的义务

1）处理委托事务的义务。受托人处理委托事务应当做到：亲自处理委托事务、按照指示处理委托事务、小心注意处理委托事务。

①受托人应当亲自处理委托事务。受托人需要转托他人处理的，应经委托人同意；转委托未经同意的，受托人应当对转委托的第三人的行为承担责任，但在紧急情况下受托人为维护委托人的利益需要转委托的除外。

②受托人应当按照委托人的指示处理委托事务。需要变更委托人指示的，应当经委托人同意；因情况紧急，难以和委托人取得联系的，受托人应当妥善处理委托事务，但事后应当将该情况报告委托人。受托人超越权限给委托人造成损失的，应当赔偿损失。

③受托人处理委托事务时，应尽注意义务。受托人应尽注意义务的程度，因委托合同为有偿或无偿而有所不同。有偿的委托合同，因受托人的过错给委托人造成损失的，应承担损害赔偿责任；无偿的委托合同，因受托人的故意或者重大过失给委托人造成损失的，才承担损害赔偿责任。

2）报告义务。受托人应当按照委托人的要求，报告委托事务的处理情况。委托合同终止时受托人应当报告委托事务的结果。

3）披露义务。受托人以自己的名义与第三人订立合同时，第三人不知道受托人与委托人之间的代理关系的，受托人因第三人的原因对委托人不履行义务，受托人应当向委托人披露第三人，委托人因此可以行使受托人对第三人的权利，但第三人与受托人订立合同时如果知道该委托人就不会订立合同的除外。受托人因委托人的原因向第三人不履行义务，受托人应当向第三人披露委托人，第三人因此可以选择受托人或委托人作为相对人主张其权利，但第三人不得变更选定的相对人。

4）转移财产的义务。受托人处理委托事务取得的财产，应当转交给委托人。

（2）委托人的义务

1）支付报酬、费用的义务

委托人应当预付处理委托事务的费用。受托人为处理委托事务垫付的必要费用，委托人应当偿还该费用及利息。受托人完成委托事务的，委托人应当向其支付报酬。因不可归责于受托人的事由，委托合同解除或者委托事务不能完成的，委托人应当向受托人支付相应的报酬。当事人另有约定的，按照其约定。

2）赔偿受托人损失的义务。

3. 委托合同的终止

委托合同除了因合同期限届满、履行不能、委托事务处理完毕等通常原因终止外，《合同法》还规定了委托合同的特别终止。

（1）当事人可随时解除委托合同。委托人或者受托人因解除合同给对方造成损失的，除不可归责于该当事人的事由外，应当赔偿损失。

（2）当事人死亡、丧失民事行为能力或破产。委托人或者受托人死亡、丧失民事行为能力或者破产的，委托合同终止，但当事人另有约定或者根据委托合同的性质不宜终止的除外。因委托人死亡、丧失民事行为能力或者破产的，致使委托合同终止将损害委托人利益的，在委托人的继承人、法定代理人或者清算组织承受委托事务之前，受托人应当继续处理委托事务。因受托人死亡、丧失行为能力或者破产，致使合同终止的，受托人的继承人、法定代理人或者清算组织应当及时通知委托人。因委托合同终止将损害委托人利益的，在委托人作出善后处理之前，受托人的继承人、法定代理人或者清算组织应当采取必要的措施。

三、配送合同当事人双方的权利和义务

1. 配送经营人在配送合同中的权利和义务

（1）配送经营人在配送合同中的权利：要求用户支付配送费的权利；要求用户按约定提供配送商品的权利；要求用户及时受领货物的权利；要求用户协助的权利，即要求用户提供有关配送业务的单据文件的权利。

（2）配送经营人在配送合同中的义务：安全并及时提交按照合同规定的货物的义务；转移货物所有权的义务；定期向用户提交存货信息、存货查询、配送报表、残损报表等汇总材料；承担仓储和保管的义务。

2. 配送委托人在配送合同中的权利和义务

（1）配送委托人在配送合同中的权利：要求配送经营人按照约定的时间、地点、收货人，把货物配送到目的地的权利；对配送经营人的配送货过程进行监督、指导的权利；对标的物的相关信息查询的权利。

（2）配送委托人在配送合同中的义务：依约定按时支付给配送经营人费用的义务；向配送经营人提供有关配送货业务的相应单据文件的义务；按约定向配送经营人提交配送商品的义务。

【案例讨论】

案例1

诚通外贸公司把从国外进口的一批原材料运到宏达物流公司的仓库。宏达物流公司负责确定分货、配货计划和每日的配送数量，然后将配好的货物直接送到生产厂的流水线。某日，甲仓库接货时发现原材料部分有锈蚀。

讨论：

(1) 损失该由谁负责？

(2) 如果物流公司将原材料送到生产场地时发现的，损失又该由谁负责？

案例2

2009年7月15日，A物流公司与B商贸公司签订配送100套汽车零件的配送合同，价值21 000元。B公司办理了托运单，交纳了托运费1 200元。2009年7月25日，A公司用自有车队开始运输，汽车刚刚驶离甲处3公里时突然起火，并将大部分零件烧毁。B公司遂向某区人民法院起诉，要求A公司赔偿损失，并退回运费。

讨论：

A公司是否应赔偿B公司的经济损失？为什么？

第二节　流通加工合同

流通加工是物流过程中的一个特殊的环节，与其他环节不同的是，流通加工具有生产的性质。它可能改变商品的形态，对物流的影响巨大。并不是每个物流过程都必须进行流通加工，所以也不是每个物流合同中都含有关于流通加工的规定。当双方当事人在物流合同中约定物流企业承担流通加工义务时，根据物流企业履行流通加工义务所采用方式的不同，物流企业会具有不同的法律地位。

虽然物流过程中的流通加工与生产加工相比较为简单，但在一些情况下仍然需要一些特殊的技能或者工具。从效率和技术的角度着想，物流企业可能将流通加工转交给有能力的专业加工人进行。此时，物流企业通过与加工人签订加工承揽合同的方式履行其在物流服务合同中的义务。在这种情况下，物流企业一方面针对物流服务合同的需求方而言，为物流服务提供方；另一方面，针对承揽人而言，为定做人。它在流通加工中受到物流服务合同和加工承揽合同的约束，并根据相关的法律规范享有权利，承担义务。

一、流通加工合同

关于流通加工的立法主要表现在加工承揽合同上。与其他物流法律一样，目前我国没有单独的流通加工的法律，《民法通则》《合同法》及关于加工承揽合同的具体规定，可适用于流通加工。

在流通加工环节中，物流企业可能通过加工承揽合同履行其物流服务合同的加工义务，即物流企业通过与承揽人签订分合同的形式将其加工义务分包出去。对此，物流企业通常处在加工承揽合同中的定做人的地位。因此，作为定做人，物流企业应当了解与其有关的加工承揽合同的法律适用，合同的订立、内容以及相应的权利和义务。

1. 加工承揽合同的含义和特征

加工承揽合同，是指承揽人按照定做人的要求完成一定工作，并交付工作成果，定做人接受承揽人的工作成果并支付报酬的合同。完成工作的一方称为承揽人，接受工作成果并支付报酬的一方称为定做人。加工承揽合同的法律特征：

（1）加工承揽合同以一定工作的完成为目的，合同的标的是承揽人的工作成果，而不是承揽人完成工作的过程本身。

（2）加工承揽合同的标的具有特定性

加工承揽合同是为了满足定做人的特殊要求而订立的，因而加工承揽合同标的的工作成果是由定做人确定的，或者是按定做人的要求来完成的。

（3）加工承揽合同中承揽人的工作具有独立性

即承揽人以自己的设备、技术、劳力等完成工作任务，不受定做人的指挥管理。但是承揽人在完成工作过程中应接受定做人必要的监督和检查。在承揽人未按约定的条件和期限进行工作，不能按时按质完成工作成果时，定做人有权解除合同，并要求赔偿损失。

（4）加工承揽合同是具有一定人身性质的合同

承揽人一般必须以自己的设备、技术、劳力等完成工作，并对工作成果承担风险责任。承揽人不得擅自将加工承揽的工作交给第三人完成。还要对完成工作中遭受意外的风险负责。

（5）加工承揽合同是诺成、双务、有偿合同

加工承揽合同自双方当事人意思表示一致即告成立，故为诺成合同。加工承揽合同的双方当事人均负有一定的义务，一方的义务即是对方的权利，故为双务合同。定做人须对承揽人完成的工作成果支付报酬，故为有偿合同。

2. 加工承揽合同的类型

加工承揽合同是一大类合同的总称，它的具体类型主要有：加工合同、定做合同、修理合同、改造改建合同等。

（1）加工合同

加工合同是指承揽人按照定做人的具体要求，使用自己的设备、技术和劳力对定做人提供的原材料或者半成品进行加工，并将成果交给定做人，定做人支付价款的合同。该合同的特点是由定做人提供大部分或全部的原材料，承揽人只提供辅助材料，并且仅收取加工费用。这种合同是物流中常见的合同。

（2）定做合同

定做合同是由承揽人根据定做人的需要，利用自己的设备、技术、材料和劳力为定做人制作成品，由定做人支付报酬的合同。例如，运输企业为运输某些特殊商品而向承揽人定做专门的包装物。在定做合同中，原材料全部由承揽人提供，定做人则支付相应的价款。定做合同的价款包括加工费和原材料费用。

（3）修理合同

修理合同是指承揽人为定做人修理功能不良或缺失，或者外观被损坏的物品，使其恢复原状，由定做人支付报酬的加工承揽合同。在修理合同中，定做人可以提供原材料，也可以不提供原材料。在不提供原材料的情况下，定做人所支付的价款主要是原材料的价值。修理

合同在物流过程中也很常见。由于物流过程中产品和包装的破损不可避免，所以修理合同履行的好坏将影响物流的效率。

（4）改造改建合同

改造改建合同是指承揽人按照定做人的要求，将定做人提供的物品进行改造或改建成一种新的物品，定做人接受新物品并支付报酬的合同。这种合同的特点是合同标的物是成品，而且没有损坏，承揽人的工作是将其改造、改建，使它具有新的用途或新的使用价值。

我国有关加工承揽合同的法律规范主要是《合同法》。因此，有关加工承揽合同的争议，适用《合同法》关于加工承揽合同的规定。

3. 加工承揽合同的主要条款

合同的内容是双方当事人关于权利义务所作的具体约定，它体现在合同的条款上。根据我国《合同法》第 252 条规定，加工承揽合同内容包括以下内容：

（1）加工承揽合同的标的

加工承揽合同的标的是定做人和承揽人权利和义务所共同指向的对象，是加工承揽合同必须具备的条款。加工承揽合同的标的是将加工承揽合同特定化的重要因素，在合同中应该将加工定做的物品名称和项目写清楚。加工承揽合同的标的应该具有合法性，标的不合法将导致合同无效。

（2）加工承揽合同的标的的数量

数量，是以数字和计量单位来衡量定做物的尺寸。根据标的物的不同，有不同的计算数量的方法。在合同中，数量条款中的数字应当清楚明确，数量的多少直接关系到双方当事人的权利义务，也与价款或酬金有密切的关系。在计量单位的使用上，应该采用国家法定的计量单位，如米、立方米、千克等。

（3）加工承揽合同的标的的质量

质量是定做物适合一定用途、满足一定需要的特性，它不仅包括定做物本身的物理化学和工艺性能等特性，还包括形状、外观手感及色彩等。这主要是对加工承揽合同的标的的品质的要求。加工承揽合同中对于标的的质量通常由定做人提出要求。

（4）报酬条款

报酬条款应当在合同中明确约定，包括报酬的金额、货币种类、支付期限、支付方式等。

（5）履行条款

履行条款包括履行期限、履行地点、履行方式三部分。

1）履行期限。履行期限是指合同当事人履行合同义务的期限。加工承揽合同的履行期限包括提供原材料、技术资料、图纸及支付定金、预付款等义务的期限。

2）履行地点。履行地点是履行合同义务和接受对方履行的成果的地点。履行地点直接关系到履行合同的时间和费用。

3）履行方式。履行方式是指当事人采用什么样的方法履行合同规定的义务。在加工承揽合同中，履行方式指的是定做物的交付方式，例如，是一次交清还是分期分批履行，定做物是定做人自己取货还是由承揽人送货等。

（6）验收标准和验收方法条款

验收标准和验收方法是指对承揽人所完成的工作成果进行验收的标准和方法，验收标准用于确定工作成果是否达到定做人所规定的质量要求和技术标准。在加工承揽合同中，验收条款应该规定得具体明确。

（7）材料提供条款

加工承揽合同中的原材料既可以由承揽人提供，也可以由定做人提供。不仅原材料的提供会影响价款的确定，而且原材料的质量将会直接影响定做物的质量，从而影响合同是否得到完全履行。流通加工是在流通的过程中对货物进行加工，加工的对象是货物，所以在由物流企业进行流通加工的情况下，原材料通常是由物流需求方提供。但是在一定的情况下，如将货物进行分包装，包装物有可能由物流企业提供。

（8）样品条款

凭样品确定定做物的质量是加工承揽合同中的一种常见的现象，承揽人完成的工作成果的质量应该达到样品的水平。样品可以由定做人提供，也可以由承揽人提供。提供的样品应封存，由双方当场确认并签字，作为成果完成后的检验依据。

由于加工承揽合同的特殊性，定做人有时会向承揽人提供一定的技术资料和图纸，这可能涉及定做人不愿被他人所知的商业秘密或技术秘密，所以，在合同中规定保密条款是十分必要的，保密条款应该对保密的范围、程度、期限、违反的责任进行详细约定。

二、加工承揽合同当事人的权利和义务

在加工承揽合同中，双方的权利与义务是对等的，一方的权利是另一方的义务，因此，这里只介绍一下当事人一方的义务。

1. 承揽人的主要义务

（1）完成合同约定的工作任务

1）承揽人应当以自己的设备、技术和劳力完成工作的主要部分，但当事人另有约定的除外。所谓主要部分首先是对定做物的质量有决定作用的工作物部分，一般来说是指工作技术要求高的部分；如果质量在工作物中不起决定作用，定做物为一般人均可完成的工作时，那么主要部分则指数量上的大部分。承揽人将其加工承揽的工作转由第三人完成的，应当就该第三人完成的工作成果向定做人负责。根据合同约定或者合同性质、交易习惯，加工承揽的工作是不得转让的，承揽人转让时，定做人可以解除合同。

2）承揽人应按照合同约定的时间着手工作和进行工作，并于规定的期限内完成工作。承揽人因可归责于自己的事由不能按期完成工作任务的，定做人可于履行期限届满请求解除合同。

3）承揽人应按照合同的约定、定做人要求的技术条件和质量标准完成工作。如合同对此无约定，应依国家规定的技术要求和质量标准；如无国家规定的，则应当符合平常所提出的要求。非经定做人同意，承揽人不得擅自修改技术要求和质量标准。

4）承揽人在工作期间，应当接受定做人必要的监督检验和指示，但当事人另有约定的除外。定做人监督检验时不得妨碍承揽人的正常工作。定做人中途变更设计图纸、工作要求，或者指示错误，给承揽人造成损失的，应当赔偿损失。

5）承揽人在完成工作的过程中，如发现定做人提供的设计图纸有错误或者技术要求不合理，定做人提供的材料不符合约定，以及可能影响工作质量或者履行期限的其他情形，应当及时通知定做人。定做人接到通知后，应当及时答复并采取相应措施。定做人因怠于答复等原因造成承揽人损失的，应当赔偿损失。承揽人怠于通知造成损失的，应当由承揽人承担损失。

（2）应按合同的约定提供原材料或接受、检验、保管、使用定做人提供的原材料

1）合同约定由承揽人提供材料的，承揽人应当按照合同约定的质量标准选用材料；没有约定质量标准的，承揽人应当选用符合定做物使用目的的材料，并接受定做人的检验。定做人未及时检验的，视为同意。

2）用定做人提供的原材料完成工作的，承揽人应接受定做人提供的原材料并及时检验，发现不符合要求的，应当及时通知定做人调换或补交。因承揽人不及时检验而使用不合格材料的，或因承揽人怠于通知的，承揽人仍应对定做物的质量负责。

3）承揽人应当妥善保管定做人提供的材料。定做人提供的材料在承揽人占有期间毁损、灭失的，由承揽人承担责任。

（3）交付工作成果，保证定做人顺利实现对定做物的利益

1）承揽人应按合同约定期限交付工作成果。承揽人要求提前或延期交付工作成果的，应事先与定做人达成协议，并按协议执行。擅自提前或延迟交付的，应承担违约责任。

2）承揽人在交付定做物时，还须交付定做物的附从物。同时，工作完成后，如果定做人提供的原材料、零配件等还有剩余，承揽人应退还给定做人。

3）承揽人在向定做人交付工作成果时，应对定做物的质量负瑕疵担保责任，即承揽人应担保所交付的定做物符合合同所规定的质量要求。如交付的定做物不符合合同约定的质量标准，即为有瑕疵，这时若定做人同意利用的，可以按质论价，减少相应的报酬；若定做人不同意利用，承揽人应负责修整、调换或重做，并承担逾期交付的责任。经过修整或调换后，仍不符合合同规定的，定做人有权拒收，可以解除合同，要求赔偿损失。但是，在法定的质量保证期限已过的情况下，承揽人可免除承担瑕疵担保责任。

4）承揽人所交付的定做物的数量不得少于合同的规定。否则，定做人仍需要的，应当照数补齐，并承担补齐部分逾期交付的责任；对少交部分，定做人不再需要的，有权就该部分解除合同，要求赔偿损失。

5）承揽人应按照合同规定包装定做物，包装不合格的，定做人有权要求重新包装。因包装不符合合同规定造成定做物毁损、灭失的，承揽人应负赔偿责任。

（4）保密义务

定做人对加工承揽工作要求保密的，承揽人应当保守秘密。承揽人未经定做人许可，不得留存复制品或者技术资料。

2. 定做人的主要义务

（1）协助承揽人完成工作任务

1）定做人应依合同约定向承揽人提供原材料、技术材料，并完成必要的准备工作。否则，承揽人有权解除合同，要求赔偿损失；承揽人不要求解除合同的，除工作完成的日期可以顺延外，定做人还应偿付承揽人停工待料的损失。

2）根据合同性质需要定做人协助的，定做人有协助义务。定做人不履行协助义务致使加工承揽工作不能完成的，承揽人可以解除合同。

（2）按照合同约定受领定做物

1）定做人应按照合同约定的时间、地点受领定做物。合同规定定做人自提的，应按时提取。定做人无故拒收定做物的，应负赔偿责任；定做人超过规定期限领取定做物的，应负违约责任，并承担承揽人支付的保管、保养费。

2）定做人在领取定做物时，应当依照合同规定进行验收。定做人应当在约定的期限内提出质量异议，超过约定的期限提出质量异议的，承揽人不承担责任。定做人和承揽人对质量异议的期限没有约定，工作成果明显不符合约定质量的，应当在工作成果交付之日起15日内提出；需经检验或者安装运转才能检验的，应当在工作成果交付之日起6个月内提出。

（3）按期支付报酬、材料费和其他费用

定做人应当按照约定期限、约定数额向承揽人支付报酬。定做人逾期支付报酬或费用的，承揽人有权要求定做人支付利息。定做人未按约定期限支付报酬的，承揽人对完成的工作成果享有留置权。

三、流通加工当事人的责任和风险防范

1. 违约责任

物流企业根据物流服务合同的要求进行流通加工，物流服务合同中规定了物流企业应履行的义务，当违反了合同中的约定时，就应当承担违约责任。其承担的违约责任应该根据物流服务合同的具体内容确定。当事人违约的情况及承担的责任主要有以下几种：

（1）承揽人交付的工作成果不符合质量标准、逾期交付

未按合同规定的质量完成定做人委托的工作，若定做人同意接受，应按质论价，酌减价款或酬金；若定做人不同意接受，承揽人应负责修整和调换，其所需费用由承揽人自负，同时承揽人还要承担逾期交付的责任，依然按加工承揽合同规定的违约金条款支付违约金。逾期交付定做物遇到价格上涨时，按原价格执行，遇到价格下降时，按新价格执行，即按有利于定做人的价格执行；定做人不同意按质论价，或修理、调换后仍不符合质量要求的，可以解除合同，承揽人应赔偿定做人因此而造成的损失。

（2）定做人未在约定期限内交付报酬、材料费等价款

定做人向承揽人支付报酬是定做人的义务，有约定期限的按照约定期限支付报酬；对于没有约定或约定不明确的，可以通过协议补充支付报酬的时间；不能达成协议的，定做人应在承揽人交付工作成果的同时支付报酬；交付部分工作成果的，定做人应相应的支付部分报酬；如果承揽工作的成果无须交付，定做人应于工作完成之时支付报酬。定做人延期支付报酬的，应承担逾期支付的利息。

（3）承揽人的留置权

定做人未向承揽人支付报酬或材料费等价款的，承揽人对完成的工作成果享有留置权。承揽人的留置权是保证承揽人实现报酬权的一种法定担保物权，但是留置权只有在合同中的义务人到期后仍不履行合同时行使，其目的是为了促使有义务的一方履行合同。

（4）定做人的任意解除权

定做人可以随时解除承揽合同，这是承揽合同的一个特点，因为承揽合同是为满足定做人的特殊需要而订立的，如订立合同后其需要改变，应允许定做人解除合同，以免给其造成

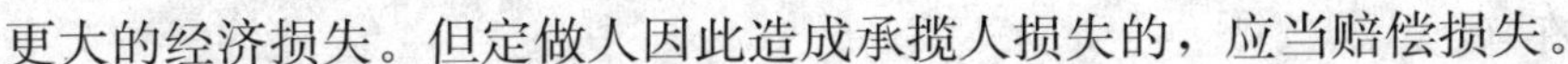

更大的经济损失。但定做人因此造成承揽人损失的，应当赔偿损失。

2. 产品责任

所谓产品责任，是指因产品本身的原因造成消费者或第三者的人身损害和财产损失所应承担的民事责任。若因加工本身的缺陷给物流需求方或第三人的人身、财产造成损失的，加工企业应当承担责任，这种责任属于产品责任。产品责任是依据《民法通则》和《中华人民共和国产品质量法》的有关规定产生的一种责任竞合，即违约责任与侵权责任竞合。在此种情况下，受害方有权选择其一向致害方主张权利，要求赔偿。

加工承揽合同的风险承担，是指工作物因不可抗力等不可归责于当事人的事由而发生的毁损、灭失的风险由谁承担的问题。在承揽人交付工作成果以前，定做物或原材料意外毁损、灭失的风险应由承揽人负担，即承揽人丧失报酬请求权。如果原材料是定做人提供的，除合同另有约定外，定做人应承担原材料意外灭失的风险。但是，如果定做人仅为承揽人的原材料付款时，除法律另有规定或合同另有约定的外，亦由承揽人承担风险。承揽人在规定期限内交付已完成的工作成果，因定做人拒收或受领迟延而未交付时，定做物意外灭失的风险则由定做人负担，即定做人仍应向承揽人支付报酬和费用。

【案例讨论】

A研究所与B加工厂（简称B厂）签订一份加工承揽合同。合同规定：A研究所委托B厂加工铁皮文件柜10个，每个文件柜制作报酬500元。原材料由A研究所负责提供，B厂于1998年10月31日交货。A研究所预交付定金为制作报酬的20%即1 000元，如有违约，由违约方承担违约责任。合同订立后，A研究所按合同约定支付了定金并提供了原材料。B厂检验原材料时，发现原材料质量不合格，B厂本拟向A研究所提出原材料质量问题，但考虑到双方关系不错，遂决定先安排生产，原材料质量问题以后再说。B厂生产出5个文件柜后，因其他任务较紧，怕不能按期完成定做任务，便将另外5个文件柜的制作任务委托给C厂。B厂为此又与C厂签订了委托加工合同。1998年10月31日，A研究所来B厂提货，发现B厂已完成并交付的5个文件柜有严重的质量问题无法使用，其余5个文件柜的加工任务交C厂后，因C厂发生火灾，全厂设备烧毁，无法生产，不能交货。为此，A研究所要求B厂返还定金，全部承担违约责任。B厂则称，已交付的5个文件柜有质量问题系因A研究所提供的原材料质量不合格所致，B厂不应承担责任，应由A研究所承担责任，照付报酬。另外5个文件柜不能交货，系C厂意外事故所致，应免除责任。

问题：

(1) 已经交货的5个文件柜质量不合格，是谁的过错，应由谁来承担责任，为什么？

(2) 未交货的5个文件柜应否免除责任，为什么？

思考与练习

一、多项选择题

1. 以下属于配送合同的内容是（　　）。

A. 合同的当事人　　B. 合同的标的

C. 合同的标的物　　D. 配送方法及配送费

2. 配送的基本环节有（ ）。

A. 理货　　B. 对货物的检验

C. 送货　　D. 备货

3. 按照配送的组织形式，配送可以分为（ ）。

A. 少批量，多品种的配送　　B. 分散配送

C. 集中配送　　D. 共同配送

4. 按现行合同法规定，加工承揽合同的主要条款有（ ）。

A. 加工承揽合同的标的，数量和质量

B. 报酬条款

C. 验收标准和验收方法条款

D. 履行条款

二、名词解释

配送合同　配送　委托合同

三、问答题

1. 简述配送合同里的相关内容是什么。

2. 简述配送合同双方当事人的权利和义务。

3. 流通加工当事人怎样对风险进行防范。

4. 加工承揽合同当事人的权利和义务。

四、实训题

请教师收集若干配送实例，由同学们根据当事人的权利与义务，参照配送合同示范文本，拟定一份具体的销售配送合同。

物流销售配送合同式样

甲方（配送方）：××有限公司

乙方：________________________

甲乙双方秉承“平等、真诚、双赢”的合作理念，经甲乙双方友好协商，现达成如下共识：

一、甲方将为乙方提供甲方自行加工、统一制作的原材料、物料，原物料的订购价格全国统一；甲方为乙方提供加盟店自行采购部分物料的检查验收标准，解决由于加盟店采购经验不足而产生的质量问题。

二、乙方需向甲方一次性交纳人民币（大写）伍仟元的物流配送押金，双方合作结束时押金将退还。

三、货源的配送

1. 乙方在收到货源时，经严格清点货源、品种、数量后签字领货，严格执行收货签单制度，发现疑问应向送货员、发货员或配货中心反映，协商一致。

2. 乙方接货人员应熟练掌握快速清点货源技巧，并对配货中心送发原材料的包装、品种有所了解。

3. 原材料配送价格如下：

名称	单位	单价（元）	供应包装	价格（元）	备注
生臭豆腐	份（6只/份）	1.35	板		含预防损耗补偿
调料酱	公斤	4.00	桶（18千克）		建议30克/份
食盒	只（1只/份）	0.08	袋（1 920只）		与豆腐配套供应

4. 货源查验、整理、储藏

为防止货品在运输途中的颠簸、挤压、转运、装卸等受到的损耗，甲方将会在每箱货品内加送一定数量的货品作为预防损耗补偿，乙方货物验收后不得要求退换货物，乙方需认真做好清点、查验、整理、储藏等工作。

四、本合同有效期同加盟合同。

五、本合同一式两份，甲乙双方各执一份。

甲方（签章）：　　　　　　　　　　乙方（签章）：

日期：　　　　　　　　　　　　　　日期：

第六章

物流包装与搬运装卸法律法规

第一节 物流包装

一、普通货物包装的法律规定

普通货物是指除危险货物、鲜活易腐货物以外的一切货物。与危险货物相比，普通货物的危险性大大小于危险货物，因而，其对包装的要求也相对较低。物流企业在对普通货物进行包装时，如有国家强制性的包装标准，则应当按照该标准执行；如没有强制性规定，则应从适于仓储、运输和搬运，并适于商品的适销性的角度考虑，按照对普通货物包装的原则，妥善地进行包装。

我国没有关于包装的专门法律，但是与货物销售、运输、仓储有关的法律、行政法规、部门规章、国际公约中都包含了对包装的规定，如我国的《合同法》《海商法》《食品卫生法》《水路货物运输规则》，以及《联合国国际货物销售合同公约》《国际海运危险货物规则》等。除此之外，包装法律规范还包含各种包装标准。普通货物包装所应遵循的基本原则：

1. 安全原则

安全原则是指物品的包装应该保证物品本身以及相关人员的安全。具体包括两个方面的安全：

（1）商品的安全

包装的第一大功能就是保护物品不受外界损害，保证物品在物流过程中保持原有的形态，不致损坏和散失。生产的商品最终要通过物流环节送达消费者手中，在这个过程中，商品经常会遇到一系列的威胁。例如，外力的作用，如冲击、跌落；环境的变化，如高温、潮湿；生物的入侵，如霉菌、昆虫的入侵；化学侵蚀，如海水、盐酸等的侵蚀；人为的破坏，如偷盗等。而包装则成为对抗危险、保护商品的一道屏障。

（2）相关人员的人身安全

一些危险的商品，如农药、液化气等，具有易燃、易爆、有毒、腐蚀等特征，如果包装的性能不符合要求或者使用不当，很可能引发事故。对于这些商品，包装除起到保护商品不受损害的作用外，还可保护接触这些商品的人员安全，如搬运工人、售货人员等的安全。包装如果不符合要求，将会造成严重的后果。

2. “绿色”原则

“绿色”原则是指对物品或货物的包装应符合环境保护的要求。环境保护是当今世界经济发展的主题之一，它在包装行业中也有所体现。世界上几乎所有国家用来包装食品和药品的材料，绝大多数为塑料制品。让人担忧的是在一定的环境和温度条件下，塑料中有害成分会少量溶出，并且少量地转移到食品和药物中，从而引起急性或慢性中毒，严重的甚至会致癌。而且，由于世界每年消耗的塑料制品很多，它们被使用后遭人抛弃成为垃圾，很难腐烂。因此，绿色包装的问题是一个迫切需要解决的问题。国外已经有许多国家和地区开始行动，他们颁布法律，在包装中全面贯彻绿色包装作为包装法的基本原则之一。

3. 经济原则

经济原则是指包装应该以最小的投入得到最大的收益。包装成本是物流成本的一个重要组成部分，如月饼的包装，有的达到月饼本身成本的1～2倍，昂贵的包装费用将会降低企业的收益率，奢华的包装不仅会造成社会资源的极大浪费，还会产生不良的社会影响。但是，包装过于低价或者粗糙，不仅会降低商品的吸引力，而且使商品得不到保护，形成商品销售的障碍。经济原则即是在两者之间达到平衡，使包装既不会造成资源浪费，又不会影响商品的销售。

二、危险货物包装的法律规定

危险货物是指具有爆炸、易燃、毒害、腐蚀、放射性等性质，在运输、装卸和保管储存过程中容易造成人身伤亡和财产损毁而需要特别防护的货物。

由于危险货物自身的危险性质，我国对危险货物的包装采用了不同于普通货物的特殊要求，并且这些规定和包装标准是强制性的。因此，物流企业在进行危险货物包装时，应当严格按照我国的法律规定和标准，以避免危险货物在停放、运输、搬运装卸中出现重大事故。根据《危险货物运输包装通用技术条件》（GB 12463—2009）《水路危险货物运输规则》及其他相关法规的规定，我国对危险货物包装的基本要求：能够保护货物的质量不受损坏；保证货物数量上的完整；防止物流过程中发生的燃烧、爆炸、腐蚀、毒害、放射性辐射等事故造成的损害，保证物流过程的安全；危险货物包装的基本要求、等级分类、性能试验、检验方法等都应该符合国家强制性标准。

1. 危险货物运输包装的要求

根据《危险货物运输包装通用技术条件》的规定，危险货物的运输包装即指运输中的危险货物的包装。除爆炸品、压缩气体、液化气体、感染性物品和放射性物品的包装外，危险货物的包装按其防护性能分为：

（1）Ⅰ类包装，即适用于盛装高度危险性的货物的包装。

（2）Ⅱ类包装，即适用于盛装中度危险性的货物的包装。

（3）Ⅲ类包装，即适用于盛装低度危险性的货物的包装。

2. 危险货物运输包装所适用的标准及其基本内容

危险货物运输包装所适用的国家标准是《危险货物运输包装通用技术条件》。该标准是由国家颁布的，它规定了危险货物运输包装的分级，运输包装的基本要求、性能测试和测试的方法，同时也规定了运输包装容器的类型和标记代号、强制适用的技术标准。该标准强制适用于盛装危险货物的运输包装。是运输生产和检验部门对危险货物运输包装质量进行性能试验和检验的依据。该标准不适用于以下几种情况的包装：

（1）盛装放射性物质的运输包装。

（2）盛装压缩气体和液态气体的压力容器的包装。

（3）净重超过 400 千克的包装；容积超过 450 升的包装。

3. 对危险货物运输包装的强度、材质等的要求

根据《危险货物运输包装通用技术条件》的规定，危险货物运输包装的强度及采用的材质应满足以下基本要求：

（1）危险货物运输包装应结构合理，具有一定强度，防护性能好。

（2）包装的材质、形式、规格、方法和单件质量（重量），应与所装危险货物的性质和用途相适应，并便于装卸、运输和储存。

（3）包装应该质量良好，其构造和封闭形式应能够承受正常运输条件下的各种作业风险。不因温度、湿度、压力的变化而发生任何泄漏，包装表面应该清洁，不允许粘附有害的危险物质。

（4）包装与内包装直接接触部分必要时应该有内涂层或进行防护处理。

（5）包装材质不得与内包装物发生化学反应而形成危险产物或导致削弱包装强度；内容器应该固定。如果属于易碎的，应使用与内装物性质相适应的衬垫材料或吸附材料衬垫妥实；盛装液体的容器，应能经受在正常运输条件下产生的内部压力。灌装时必须留有足够的膨胀余地，除另有规定外，应该保证在温度 55℃时，内装物不会完全充满容器。

（6）包装封口应该根据内包装物性质采用严密封口、液密封口或气密封口。

（7）盛装需浸湿或夹有稳定剂的物质时，其容器缝补形式应能有效地保证内装液体、水溶剂或稳定的百分比在储运期间保持在规定的范围内。

（8）有降压装置的包装，排气孔设计和安装应能防止内装物泄漏和外界杂质的混入。排出的气体量不得造成危险和污染环境。复合包装内容器和外包装应紧密贴合，外包装不得有擦伤内容器的凸出物。

（9）无论是新型包装、重复使用的包装，还是修理过的包装，均应符合危险货物运输包装性能测试的要求。

三、货物销售包装的法律规定

1. 销售和运输包装的基本要求

销售包装是指直接接触商品并随商品进入零售网点与消费者直接见面的包装。该包装的特点是外形美观，有必要的装潢，包装单位适于顾客的购买量以及商店陈设的要求。销售包装通常情况下由商品的生产者提供，但是，如果物流合同规定由物流企业为商品提供销售包装，则物流企业需要承担商品的销售包装义务。因此，物流企业在进行销售包装时需要按照销售包装的基本要求进行操作。在销售包装上，一般会附有装潢图画和文字说明，选择合适的装潢和说明将会促进商品的销售。销售包装的基本要求主要涉及以下几个方面：

（1）图案设计

图案是包装设计的三大要素之一，它包括商标图案、产品形象、使用场面、产地景色、象征性标志等内容。在图像的设计中，使用各国人们喜爱的形象固然重要，但更重要的是避免使用商品销售地所禁忌的图案。

（2）文字说明

在销售包装上应该附有一定的文字说明，表明商品的品牌、名称、产地、数量、成分、用途、使用说明等。在制作文字说明时一定要注意相关的管理规定。

（3）条形码

商品包装上的条形码是指由按一定编码规则排列的条空符号和用以表示有一定意义的字母、数字及符号组成，通过光电扫描阅读设备，它可以作为计算机输入数据的特殊代码语言。条形码自1949年问世以来得到了广泛运用。20世纪70年代，美国将其运用到食品零售业。目前，世界上许多国家的商品都使用条形码，各超级市场都使用条形码进行结算。如果没有条形码，即使是名优商品也不能进入超级市场。有些国家还规定，如果商品包装上没有条形码，则不予进口。

运输包装是指以强化运输、保护产品为主要目的的包装。货物的运输包装必须符合国家强制性标准，《一般货物运输包装通用技术条件》（GB 9174—2008）对适于铁路、公路、水运、航空承运的一般货物包装的总要求作了规定。运输包装如不符合该标准规定的各项技术要求，运输过程中万一造成货损或对其他关系方的人身、财产造成损害的，均由包装责任人承担赔偿责任。对包装不符合要求的货物，运输部门可以拒收。

运输包装的基本要求为：由于货物运输包装是以运输、储存为主要目的的包装，因此必须具有保障货物安全、便于装卸储运、加速交接点验等功能，同时应能确保在正常的物流过程中，能够抵御环境条件的影响而不发生破损等现象，保证安全、完整、迅速地将货物运至目的地。此外，货物运输包装还应符合科学、牢固、经济、美观的要求。

2. 物流服务合同中的包装条款

在物流服务合同中，可能会订有包装条款。包装条款一般包括以下三个方面的内容：

（1）包装的提供方

在物流服务合同中，包装条款应该载明包装由哪一方来提供。这样的规定不仅有助于明确物流企业在包装中所处的法律地位，而且有助于因包装问题引起货物损坏或灭失时的责任划分。

（2）包装材料和方式

包装材料和方式是包装的两个重要方面，分别反映了静态的包装物和动态的包装过程。包装材料条款主要载明采用什么包装材料，如木箱装、纸箱装、铁桶装、麻袋装等；包装方式条款则主要载明怎样进行包装。在这两点之外，可以根据需要加注尺寸、每件重量和数量、加固条件等。随着科学技术的发展，包装材料和包装方式也越来越精细，同样都是塑料包装，不同的塑料则有不同的特性，所以在订立这一条款时应准确详细，以免产生不必要的纠纷。

（3）运输标志

运输标志是包装条款中的主要内容。运输标志通常表现在商品的运输包装（即以强化运输、保护产品为主要目的的包装）上。在贸易合同中，按照国际惯例，一般由卖方设计确定，也可由买方决定。运输标志会影响货物的搬运装卸，所以要求在合同条款中明确载明。

订立包装条款应注意的问题：

(1) 对合同中的有些包装术语应做出明确具体的规定

如“适合海运包装”“习惯包装”等，因有不同的理解而容易引起争议的，应在合同中做出明确具体的规定。如对特别精密的设备，除规定包装必须符合运输要求外，还应规定防震措施等条款。

(2) 包装费用一般都包括在货价内，合同条款不必列入

但是，如果一方要求特殊包装，则可增加包装费用，如何计费及何时收费也应在条款中列明。如果包装材料由合同的一方当事人供应，则条款中应明确包装材料到达时间，以及逾期到达时该方当事人应负的责任。运输标志如由一方当事人决定，也应确定到达时间及逾期不到时该方当事人应负的责任等。

(3) 包装条款不能太笼统

在一些合同中，包装条款仅写明“标准出口包装”。这是一个较为笼统的概念。在国际上还没有统一的标准来界定包装是否符合“标准出口包装”的要求。因此，国外一些客户在这方面大做文章，偷工减料，以降低包装成本。

【案例讨论】

1. 2010年5月8日，A国际仓储运输公司（简称A）作为国际多式联运经营人以托运人身份向B海运有限公司（以下称B）订舱，由B经营的“远洋不来梅”（YUANYANG BREMEN）集装箱船第0049W航次，为其从青岛港到布达佩斯载运一20英尺（1英尺=0.3048米，下同）集装箱货物。托运人在向B托运货物时，只申报了货物的英文名称LIME CHLORINATED，未明确说明是危险品，事实上该货是5.1类危险品漂白粉，正确的英文名称为BEACHING POWDER，在联合国危规中的编号为2208。而连云港市化工医药保健品进出口公司（以下简称连云港化医）作为实际托运人，明知货物为危险品，但未按国际危规及中国的相关法律的要求，使用安全可靠的危险品包装。运输途中，该危险品自燃起火，发生严重火灾事故，损失巨大。因此，B起诉要求被告A、亚洲货运、连云港化医赔偿火灾事故的货损、雇佣拖轮、救助船、进避难港、聘请检验人、律师及共同海损理算等的损失、责任和费用。最后，法院判定由被告连云港化医赔偿原告B的一切损失。

阅读以上案例并思考：法律对危险物品的包装有哪些要求？

2. 托运人未在包装上注明货物品名致货损责任的承担问题

甲为农产品经营公司，乙为物流公司。某年某月的一天，甲找到乙，将包装完好的货物黄麻交给乙，准备出口国外。双方签订了合同，由乙为甲提供仓储和运输。黄麻为易燃物，存储和运输的处所都不得超过常温，超过常温容易起火。甲听说乙多次承运黄麻都平安到达，也就没有将运输黄麻通知乙，也未在货物外包装上作警示标志。乙收到货后，将货物运到仓储中心，准备联运，因仓库拥挤，室温过高致使黄麻起火。后查，起火原因为仓库温度高引起。双方发生争议。

根据上述事实材料回答问题：货物的损失由谁来承担？为什么？

3. 集装箱装封不严致货损责任的承担问题

长江物流服务公司（以下简称长江公司）为武汉佳佳制衣厂的服装出口提供长期国际综合物流服务，即由长江公司进行服装包装，安排国际联运以及到货配送。2000年6月，长江公司对包括佳佳制衣厂等在内的6家供货方提供服务，而将其同船承运，其中，提单号为

WH2000601—WH2000609 的货物为佳佳服装。当载货船驶离上海港后不久与他船相撞，载货船受创严重，船舱进水，致使提单号为 WH2000601—WH2000609 的货物遭水浸。经查，货物受损原因为船舱进水，船上集装箱封闭不严，致使货物遭水浸。

根据上述事实回答：佳佳制衣厂的货物损失应该由谁来承担？为什么？

第二节　搬运装卸

作业委托人的权利和义务

1. 作业委托人的权利

（1）确定收货人及要求改变收货人的权利

作业委托人有权在合同中约定收货人。港站经营人将货物交付货物接收人之前，作业委托人可以要求港站经营人将货物交给其他货物接收人，但应当赔偿港站经营人因此受到的损失。

（2）办理保价作业的权利

货物发生损坏、灭失，港站经营人应当按照货物的声明价值进行赔偿，但港站经营人证明货物的实际价值低于声明价值的，按照货物的实际价值赔偿。按照声明价值赔偿是为了限制港站经营人以包装件数为单位要求不合理的责任限制，同时也可防止作业委托人低报货物价值以求少付作业费用。按照货物的实际价值赔偿则可以防止作业委托人故意虚报货物价值以求在货损时提出显失公平的赔偿请求。

2. 作业委托人的义务

（1）办理及交付与货物有关的各种单证的义务

作业委托人应当及时办理港口、海关、检验、检疫、公安和其他货物运输和作业所需的各种手续，并将已办理各项手续的单证送交港站经营人。因作业委托人办理各项手续和有关单证不及时、不完备或者不正确，造成港站经营人损失的，作业委托人应当承担赔偿责任。作业委托人提交与作业货物有关的文件是为货物作业做准备，在准备妥当前，港站经营人的作业义务也不可能开始，因为港站经营人在履行作业义务前必须确认货物的合法性。

（2）按合同约定交付货物的义务

作业委托人向港站经营人交付的货物的名称、件数、重量、体积、包装方式、识别标志，应当与作业合同的约定相符。笨重、长大货物作业，作业委托人应当声明货物的总件数、重量和体积（长、宽、高）以及每件货物的重量、长度和体积（长、宽、高）。单件货物重量或者长度超过下列标准的，为笨重、长大货物：①沿海：重量 5 吨，长度 12 米；②长江、黑龙江干线：重量 3 吨，长度 10 米；各省（自治区、直辖市）交通主管部门对本省内作业的笨重、长大货物标准可以另行规定，并报国务院交通主管部门备案。作业委托人未按照本条规定交付货物、进行声明造成港站经营人损失的，应当承担赔偿责任。对于有特殊保管要求的货物，作业委托人应当与港站经营人约定货物保管的特殊方式和条件。以件运输的货物，港站经营人验收货物时，发现货物的实际重量或者体积与作业委托人申报的重量或者体积不符时，作业委托人应当按照实际重量或者体积支付费用并向港站经营人支付衡量等费用。作业合同约定港站经营人从第三方接收货物的，作业委托人应当保证第三方按照作业合同的约定交付货物。

（3）妥善包装的义务

需要具备运输包装的作业货物，作业委托人应当保证货物的包装符合国家规定的包装标准；没有包装标准的，应当在保证作业安全和货物质量的原则下进行包装。需要随附备用包装的货物，作业委托人应当提供足够数量的备用包装。对于危险货物应该按照规定妥善包装，货物的包装直接影响到货物的安全作业。将包装义务赋予作业委托人出于运输包装和需要，也符合习惯作法。

（4）危险货物通知的义务

对于危险货物应该在外包装上制作危险品标志和标签，并将其正式名称和危害性质以及必要时应当采取的预防措施书面通知港站经营人。显然这一义务要求委托人有两项作为，一是制作危险品标志和标签，因为若不标志，则失去警示作用，可能危及不知该危险物品又能接触到的人；二是通知，它能使港站经营人知道货物的性质而在作业过程中采取必要的措施。

（5）承担由于货物原因给港站经营人带来的损失的义务

在港站经营人已经按照作业合同的约定接收货物，根据作业货物的性质和状态，配备适合的机械、设备、工具、库场的情况下，因货物的性质或者携带虫害等情况，需要对库场或者货物进行检疫、洗刷、熏蒸、消毒的，应当由作业委托人或者货物接收人负责，并承担有关费用。这个不利后果由作业委托人承担是因为作业委托人比港站经营人更加了解货物的性质和可能存在的给港站经营人造成的损失，所以由他来承担不利后果更能促使他采取措施避免损失的发生。

（6）接收货物的义务

作业合同约定港站经营人将货物交付第三方的，作业委托人应当保证第三方按照作业合同的约定接收货物。作业委托人或者货物接收人应当在约定或者规定的期限内交付或者接收货物。港站经营人交付货物时，货物接收人应当验收货物，并签发收据，发现货物损坏、灭失的，交接双方应当编制货运记录。货物接收人在接收货物时没有就货物的数量和质量提出异议的，视为港站经营人已经按照约定交付货物，除非货物接收人提出相反的证明。

（7）支付作业费用及其他费用的义务

作业合同有约定的，作业费用的支付从约定，在没有约定的情况下，作业委托人应当预付作业费用。如果作业委托人不预付作业费用的，港站经营人有权提出后履行抗辩，要求作业委托人先予履行。港站经营人基于作业委托人的利益而支付的必要费用如运费、修缮费、保险费、转仓费等，也应由作业委托人承担。港站经营人向作业委托人或收货人要求上述费用时，必须出示清单和必要的凭证。

【案例讨论】

青岛红日船行有限公司（以下简称红日船行）所属的“顺风”轮系钢质干杂货船，“顺风”轮舱底结构特殊，不适宜装载使用抓斗卸货的货物。2006 年 7 月该轮装运煤炭到达广州港，广州港新沙港务公司（以下简称新沙公司）使用25吨抓力的抓斗卸货，结果发生事故使抓斗和舱底受损。新沙公司在没有查明原因的情况下，再次使用同样的抓斗继续卸货，发生了第二次事故。

该案中，新沙公司作为港口作业经营人，根据托运人、收货人或承运人等港口作业委托人的委托，提供港口作业服务。红日船行作为承运人，与新沙公司签订“速遣协议书”，委托港口经营人卸载“顺风”轮所载货物，意思表示明确，双方的法律关系是港口作业合同关系。红日船行没有将船舶舱底结构的特殊情况告知新沙公司，商定安全的卸货方式，根据《水路货物运输管理规则》第20条规定：“船舶到港后，承运人应当及时将有关货运单证交给港口经营人，并详细介绍装舱积载情况和安全措施。”第21条规定：“承运人应当派人指导卸货。”应对第一次事故负责。新沙公司在没有查明事故原因的情况下，盲目地继续作业，扩大了损失，根据《民法通则》第106条规定：“公民、法人由于过错侵害国家的、集体的财产，侵害他人财产、人身的，应当承担民事责任。”《民法通则》第114条规定：“当事人一方因另一方违反合同受到损失的，应当及时采取措施防止损失的扩大；没有及时采取措施致使损失扩大的，无权就扩大的损失要求赔偿。”应对第二次事故负责。但两次事故造成的损失无法分清，因此海事法院经审理判决：红日船行和新沙公司双方对事故损失各负50%责任。

阅读并思考：港口作业合同双方当事人的义务有哪些？

思考与练习

一、多项选择题

1. 普通货物包装所应遵循的基本原则是（　　）。

A. 安全原则　　B. 轻便原则　　C. 经济原则　　D. “绿色”原则

2. 我国对危险货物包装的基本要求有（　　）。

A. 能够保护货物的质量不受损坏

B. 保证货物数量上的完整

C. 防止物流过程中发生的燃烧、爆炸、腐蚀、毒害、放射性辐射等事故造成的损害，保证物流过程的安全

D. 危险货物包装的基本要求、等级分类、性能试验、检验方法等都应该符合国家强制性标准

3. 国家标准《危险货物运输包装通用技术条件》不适用于（　　）。

A. 盛装放射性物质的运输包装

B. 盛装压缩气体和液态气体的压力容器的包装

C. 净重超过400千克的包装；容积超过450升的包装

D. 盛装腐蚀性物质的运输包装

4. 销售包装的基本要求主要涉及（　　）。

A. 公司内部码　　B. 图案设计　　C. 文字说明　　D. 条形码

5. 包装条款一般包括（　　）三个方面的内容。

A. 包装的提供方　　　　　　　　B. 包装材料和方式

C. 违约责任　　　　　　　　　　D. 运输标志

二、名词解释

普通货物　危险货物

三、问答题

1. 简述作业委托人的义务。

2. 简述作业委托人的权利。

3. 简述物流服务合同中的包装条款和条款中应该注意的问题。

4. 简述普通货物包装所应遵循的基本原则。

四、实训题

1. 请教师收集若干包装实例，由同学们根据当事人的权利与义务，参照物流服务合同示范文本，拟定一份具体的物流服务合同中的包装条款。

2. 请教师收集若干装卸搬运实例，由同学们根据当事人的权利与义务，参照下面的合同示范文本，拟定一份具体的搬运合同。

搬运合同书

甲方：__________　乙方：__________

地址：__________　地址：__________

电话：__________　电话：__________

传真：__________　传真：__________

法人代表：_______　法人代表：_______

联系人：________　联系人：________

就委托人委托承揽人搬迁事宜，经双方协商达成如下协议：

第一条　搬运货物

1. 货物名称：________。

2. 货物数量：________。

3. 货物价值：________。

4. 委托人委托搬运的物品应无违禁品及危险物品。

货物清单作为本合同附件，与本合同具有同等法律效力。

第二条　包装

委托人应按承揽人要求进行标准包装。委托人应将搬运的小件物品提前打包、整理，文件资料要装箱封好，电脑要拆掉连线，所需搬运物品集中堆放。也可由承揽人进行包装，但包装前应检查物品，保证安全运输。

第三条　服务要求

承揽人在搬运过程中，做到服务热情周到，保证物品完整无损，服从委托人的分配与指挥，将物品码放到位，如在搬运过程中发生丢失或损坏，承揽人应负责赔偿。

第四条　搬运日期

1. ____年____月____日至____年____月____日，具体搬迁时间待电话通知而定。

2. 承揽人装货拉出拆卸现场之后保证在________天之内运至委托人卸货场地。因气候等意外因素影响，可酌情延期。

3. 委托人如需变更搬运时间的，应于约定搬运日期前________日通知承揽人，否则委托人应另行支付承揽人人民币________元的迟延费。但不得超过原估价总金额________%。

4. 搬运作业进行中，因刮风、下雨、路况等因素以致未能完成的，由双方另定时间继续完成。

第五条　搬运地点

货物搬出地点：________。货物搬到地点：________。承揽人需依委托人的指示将承运货品搬运至指定位置。

第六条　搬运车辆

委托人提供《装货清单》，承揽人按装货清单拉运。承揽人必须选用合适的吊车、板车及货车，并按委托人指定的路线运输，以确保吊卸、运输过程中的设备安全。如因承揽人不按委托人指定路线、速度行驶造成设备损坏，由委托人根据实际损坏估价，承揽人来赔偿。

第七条　检验

委托人应及时对送达货物进行检验，逾期未收货，应向承揽人支付保管费用。

第八条　费用

1. 包装费用：________。

2. 搬运费用：每车次________元人民币，按实际车次结算。车型：________。采车次方式收费的，承揽人应按车辆的容积，以符合法律规定的满载方式进行。

3. 搬运期间，承揽人的餐饮差旅费、过桥费、通行费、油费、车辆维修费等均由其自己负担。

4. 承揽人应依本合同所约定的计价方式收费，不得借故加价或要求任何附加费用。

5. 有电梯的房屋，如电梯非因承揽人的过失无法正常使用时，除前条所约定的搬运费外，均依附件搬运作业估价单约定方式另行收费。

第九条　结算方式

签约时预付定金人民币________元。余款人民币________元，于搬迁作业完成经委托人确认后支付，承揽人同时提供正式运输发票。

承揽人按要求将货物送达后，委托人如不足额支付运输费和保管费，承揽人对货物享有留置权。

第十条　安全保证

承揽人保证在合同规定期限内将货物安全运抵指定地点。对承运的货物要负责安全，保证货物无短缺、无损坏、无人为变质。在装卸、运输途中一旦出现货物丢失、短少、变质、损坏等情况，原则上按到达地的市场价格进行赔偿。另有约定的，按约定限额赔偿。但如果货物的缺失和损坏是由不可抗力、货物自身属性决定的合理损耗或是委托人过错造成，则承揽人不承担赔偿责任。

第十一条　保险

一般货物保险由承揽人负责，贵重货物保险由委托人负责。

第十二条　物品损毁

1. 承揽人对于因搬运过程所致委托人物品的毁损、灭失或者造成其他损害的，应负赔偿责任。但因不可抗力，或因搬运物的性质，或因委托人或其受雇人的过失所造成的，不在此限。

2. 上述情形，委托人应于搬运完成后三日内告知承揽人，如搬运物品有毁损灭失不易发现的，应于搬运完成后十日内，将其情事告知承揽人。

3. 委托人提交承揽人运送物品，若有现金、有价证券、珠宝、贵重金属、美术品、古董或其他贵重物品时，除委托人于托运时报明其性质及价值的以外，承揽人对于其毁损或灭失，不负责任。但承揽人有故意或过失的，不在此限。

4. 上述所定期限均扣除法定节假日。

第十三条　责任负担

承揽人因搬运对第三人所发生的责任概由承揽人负责。

第十四条　声明及保证

委托人：

1. 委托人为一家依法设立并合法存续的企业，有权签署并有能力履行本合同。

2. 委托人签署和履行本合同所需的一切手续（________）均已办妥并合法有效。

3. 在签署本合同时，任何法院、仲裁机构、行政机关或监管机构均未作出任何足以对委托人履行本合同产生重大不利影响的判决、裁定、裁决或具体行政行为。

4. 委托人为签署本合同所需的内部授权程序均已完成，本合同的签署人是委托人法定代表人或授权代表人。本合同生效后即对合同双方具有法律约束力。

承揽人：

1. 承揽人为一家依法设立并合法存续的企业，有权签署并有能力履行本合同。

2. 承揽人签署和履行本合同所需的一切手续（________）均已办妥并合法有效。

3. 在签署本合同时，任何法院、仲裁机构、行政机关或监管机构均未作出任何足以对承揽人履行本合同产生重大不利影响的判决、裁定、裁决或具体行政行为。

4. 承揽人为签署本合同所需的内部授权程序均已完成，本合同的签署人是承揽人法定代表人或授权代表人。本合同生效后即对合同双方具有法律约束力。

第十五条　保密

双方保证对在讨论、签订、执行本协议过程中所获悉的属于对方的且无法自公开渠道获得的文件及资料（包括商业秘密、公司计划、运营活动、财务信息、技术信息、经营信息及其他商业秘密）予以保密。未经该资料和文件的原提供方同意，另一方不得向任何第三方泄露该商业秘密的全部或部分内容。但法律、法规另有规定或双方另有约定的除外。保密期限为________年。

第十六条　通知

1. 根据本合同需要一方向另一方发出的全部通知以及双方的文件往来及与本合同有关的通知和要求等，必须用书面形式，可采用________（书信、传真、电报、当面送交等）方式传递。以上方式无法送达的，方可采取公告送达的方式。

2. 各方通讯地址如下：________。

3. 一方变更通知或通讯地址，应自变更之日起________日内，以书面形式通知对方；

否则，由未通知方承担由此而引起的相关责任。

第十七条 争议的处理

1. 本合同受中华人民共和国法律管辖并按其进行解释。

2. 本合同在履行过程中发生的争议，由双方当事人协商解决，也可由有关部门调解；协商或调解不成的，按下列第________种方式解决：

(1) 提交________仲裁委员会仲裁；

(2) 依法向人民法院起诉。

第十八条 不可抗力

1. 如果本合同任何一方因受不可抗力事件影响而未能履行其在本合同下的全部或部分义务，该义务的履行在不可抗力事件妨碍其履行期间应予中止。

2. 声称受到不可抗力事件影响的一方应尽可能在最短的时间内通过书面形式将不可抗力事件的发生通知另一方，并在该不可抗力事件发生后________日内向另一方提供关于此种不可抗力事件及其持续时间的适当证据及合同不能履行或者需要延期履行的书面资料。声称不可抗力事件导致其对本合同的履行在客观上成为不可能或不实际的一方，有责任尽一切合理的努力消除或减轻此等不可抗力事件的影响。

3. 不可抗力事件发生时，双方应立即通过友好协商决定如何执行本合同。不可抗力事件或其影响终止或消除后，双方须立即恢复履行各自在本合同项下的各项义务。如不可抗力及其影响无法终止或消除而致使合同任何一方丧失继续履行合同的能力，则双方可协商解除合同或暂时延迟合同的履行，且遭遇不可抗力一方无须为此承担责任。当事人迟延履行后发生不可抗力的，不能免除责任。

4. 本合同所称“不可抗力”是指受影响一方不能合理控制的，无法预料或即使可预料到也不可避免且无法克服，并于本合同签订日之后出现的，使该方对本合同全部或部分的履行在客观上成为不可能或不实际的任何事件。此等事件包括但不限于自然灾害如水灾、火灾、旱灾、台风、地震，以及社会事件如战争（不论曾否宣战）、动乱、罢工，政府行为或法律规定等。

第十九条 合同的解释

本合同未尽事宜或条款内容不明确，合同双方当事人可以根据本合同的原则、合同的目的、交易习惯及关联条款的内容，按照通常理解对本合同作出合理解释。该解释具有约束力，除非解释与法律或本合同相抵触。

第二十条 补充与附件

本合同未尽事宜，依照有关法律、法规执行，法律、法规未作规定的，双方可以达成书面补充合同。本合同的附件和补充合同均为本合同不可分割的组成部分，与本合同具有同等的法律效力。

第二十一条 合同的效力

1. 本合同自双方或双方法定代表人或其授权代表人签字并加盖单位公章或合同专用章之日起生效。

2. 有效期为____年，自____年____月____日至____年____月____日。

3. 本合同正本一式________份，双方各执________份，具有同等法律效力。

委托人（盖章）：________
法定代表人（签字）：________
委托代理人（签字）：________
签订地点：________
____年____月____日

承揽人（盖章）：________
法定代表人（签字）：________
委托代理人（签字）：________
签订地点：________
____年____月____日

第七章

物流活动保险法律法规

第一节 运输保险合同

一、保险合同与保险单

1. 保险合同的概念

保险合同是投保人与保险人依据保险法规，相互约定保险权利与义务关系的协议。保险人是指与投保人订立保险合同，并承担赔偿或者给付保险金责任的保险公司。投保人是指与保险人订立保险合同，并按照保险合同负有支付保险费义务的人。

2. 保险单

保险单是保险人与投保人之间订立保险合同的书面形式凭证，又称保单。保险单是保险合同的主要组成部分，是被保险人向保险人提出索赔、保险人进行理赔的主要依据，一般包括声明事项并附有保险合同条款，保险单应由保险人在保险合同成立时签发。由于国际贸易的货物多数是通过海上运输的，在海上运输途中，船只和货物都有可能由于自然灾害和意外事故而造成各种损失，所以往往要进行保险。因此，海上运输保险单也就成为国际贸易中不可或缺的货运单据之一。

保险单可分为保险单、保险凭证、预约保险单和联合保险凭证等。

保险单，俗称"大保单"，是一种独立的保险凭证，一旦货物受到损失，承保人和被保人都要按照保险条款和投保险别来分清货损，处理索赔。

保险凭证，俗称"小保单"，是一种简单的保险凭证，不印刷保险条款，只印刷承保责任界限，以保险公司的保险条款为准。这种保险凭证格式简单，但其作用与保险单完全相同。

预约保险单是保险公司承保被保险人在一定时期内发运的、以 CIF 价格条件成交的出口货物或以 FOB、CFR 价格条件成交的进口货物的保险单。预约保险单载明保险货物的范围、险别、保险费率、每批运输货物的最高保险金额以及保险费的结付办法等，凡属于预约保险范围内的进出口货物，一经起运，即自动按预约保险单所列条件承保，但被保险人在获悉每批保险货物起运时，应立即以起运通知书或其他书面形式将该批货物的名称、数量、保险金额、运输工具的种类和名称、航程起讫地点、开航日期等情况通知保险公司。

联合保险凭证利用商业发票在上面加盖保险章，注明保险编号、险别、金额、装载船名、开船日期等，以此作为保险凭证。它与保险单有同等效力，但不能转让。一般用于港澳地区中资银行开来的信用证项下业务。

二、保险合同的主要内容

根据《中华人民共和国保险法》（下简称《保险法》）第 19 条的规定，保险合同应当包括下列事项：

（1）保险人名称和住所。

（2）投保人、被保险人的姓名或者名称、住所，以及人身保险的受益人的姓名或者名称、住所。

（3）保险标的。保险标的是指投保人申请投保的财产及其有关利益或者人的寿命和身体。保险标的如为财产及其有关利益，应包括该标的的具体坐落地点，有的还应包括利益关系；保险标的如为人的寿命和身体，应包括被保险人的年龄，有的还应包括被保险人的职业、健康状况等。

（4）保险责任和责任免除。保险责任是指在保险合同中载明的保险人所承担的风险及应承担的经济赔偿或给付责任。责任免除是指保险人对风险责任的限制，明确了保险人不承保的风险及保险人不承担赔偿责任的情况。

（5）保险期间和保险责任开始时间。保险期间是保险人按保险合同的约定为被保险人提供保险保障的有效期间。保险责任开始时间是保险责任期限的起点时间。

（6）保险金额。保险金额是指保险人进行赔偿或者给付保险金最高限额。在财产保险合同中，保险金额不得超过保险标的的实际价值，超过保险价值的，超过部分无效。在人身保险合同中，保险金额由双方当事人自行约定。

（7）保险费以及支付办法。保险费是投保人为取得保障而交付给保险人的费用。保险费包括纯保费和附加保费两部分。纯保费是保险人将自己所承保的风险的概率、以往的赔付率等多方面因素进行科学计算而产生的；附加费是保险人将自己的营业费用、管理费用等项费用摊入保险费而产生的。保险费的支付办法是指约定的支付时间、支付地点、支付方式。支付方式包括现金支付还是转账付款，一次付清还是分期付费。

（8）保险金赔偿或者给付办法。保险金赔偿或给付办法是指当保险标的遭遇保险事故而导致经济损失或人身保险合同约定的事故或年龄、期限到来时，被保险人依合同约定向保险人提出索赔，保险人依法律合同或约定的方式、标准或数额并向被保险人支付保险金的方法。

（9）违约责任和争议处理。保险合同订立后即产生相应的法律效力，不按照合同的约定完全地、全面地履行合同的，应当承担相应的法律后果和违约责任。对保险合同发生争议，通过友好协商解决。协商不成时，通过仲裁、诉讼方式解决。

（10）订立合同的年、月、日。

三、被保险人的基本义务

1. 如实告知义务

应当将其知道的或者在通常业务中应当知道的有关影响保险人据以确定保险费率或者确定是否同意承保的重要情况，如实告知保险人。

2. 交付保险费义务

投保人在保险合同成立后，按约定的数额和方式，在合同约定的时间、地点向保险人交纳保险费。

3. 减损义务

一旦发生保险事故，被保险人应立即通知保险人，并采取必要的合理措施，防止或减少损失，或者当其收到保险人要求采取防止或减少损失的合理措施的特别通知后，应当按照通知的要求处理。

4. 提供单证义务

保险事故发生后，被保险人应当在行使索赔权利的同时，负有提供所能提供的单证的义务。单证是指与确认保险事故性质、原因、损失程度等有关的证明和材料。

四、保险人的基本义务

1. 如实告知义务

保险合同是最大诚信合同，保险合同中的双方当事人有如实告知的义务，其中，保险人应当向投保人如实说明保险合同的条款内容，包括保险合同中的免责条款。保险合同中规定有关保险人责任免除条款的，保险人在订立保险合同时应当向投保人明确说明，未明确说明的，该条款不产生效力。

2. 赔偿或给付保险金义务

当保险事故发生后，保险人应当严格依照法律、法规和合同的约定，及时而充分地履行其承担的损失补偿或给付保险金义务。

3. 支付其他必要特殊费用的义务

在保险标的损失赔偿之外，另行支付被保险人为防止或者减少根据合同可以得到赔偿的损失而支出的必要的合理费用，包括施救费用、查勘检验费用、依法规定的仲裁或诉讼费用等。

五、《保险法》的基本原则

根据《保险法》的规定，《保险法》的基本原则主要有以下几个。

1. 最大诚信原则

在《保险法》中，诚实信用原则是指保险合同的双方当事人在签订和履行保险合同时，必须保持最大限度的诚意，双方都应遵守信用，诚实不欺，投保人应向保险人如实申报保险标的的主要风险情况，否则保险合同无效。

诚实信用原则的具体内容有：保险人的说明义务，投保人和被保险人的如实告知义务，弃权和禁止反言等。

2. 损失补偿原则

损失补偿原则是指在保险合同生效后，如果发生保险责任范围内的损失，被保险人有权按照合同的约定获得全面、充分的补偿。被保险人请求损失补偿应当符合下述条件：必须是投保人或者被保险人发生了实际损失，是对实际发生损失的补偿；保险人仅补偿实际损失；补偿的损失额受到保险金额和保险利益的限制，即保险金额不得超过保险价值，保险金额超过保险价值的，超过的部分无效。

3. 近因原则

近因是指在风险和损害之间，导致损害发生的最直接、最有效、起决定作用的原因，即保险事故的发生与损失事实的形成有直接因果关系的原因。近因原则是指判断风险因素或者风险事故与保险标的损害之间的因果关系，从而区分保险赔偿责任或者给付责任的原则。按照这一原则，当被保险人的损失是直接由于保险责任范围内的事故造成的，保险人才给予赔偿。这是因为现实中，保险标的的损失是由多种风险事故同时或者连续发生造成的，而这些风险事故往往同时有被保风险、非保风险或除外风险。近因原则是判断保险人是否需要赔偿的标准。

【案例讨论】

2009 年 4 月 15 日，某食品有限公司将从国外购买的一批散装咖啡豆委托“和谐号”轮承运。货物起运前，食品公司向中国平安财产保险股份有限公司（以下简称平安公司）投保“一切险”。2009 年 4 月 28 日，平安公司签发了货物运输保险单，以邮政快递的方式寄送食品公司。保险单正面以中文载明承保条件，背面以英文载明海洋运输货物保险（格式）条款。

食品公司向平安公司支付了人民币近 17 万元的保险费。2009 年 6 月 16 日，“和谐号”轮抵达中国青岛港。为等待这批进口咖啡豆的检疫许可证，直到 2009 年 8 月 1 日，“和谐号”轮才开始卸货。卸货前，食品公司对咖啡豆抽样时，发现咖啡豆有霉变、受损现象，便立即通知了平安公司。

食品公司和平安公司分别委托两家检验公司对咖啡豆损失进行查勘和调查。四份检验报告一致表明：“和谐号”轮从 2009 年 5 月 8 日起航至 8 月 1 日靠泊卸货期间，舱内一直通风不良，舱内缺乏通风而产生高温和舱汗是导致被保险货物霉变、受损的重要原因之一。其中两份检验报告还指出，运输迟延（即船舶到港后停航）也是货损原因。

食品公司向平安公司提出索赔，遭到平安公司拒赔。2010 年 5 月 26 日，在平安公司拒绝赔付的情况下，食品公司将其告到法院，要求对方支付保险赔偿近 2 000 万元及船舶滞期损失费等。山东海事法院开庭审理此案。

庭审辩论中食品公司认为，由于平安公司签发的保险单背面以英文载明免责条款，自己订约时不了解条款内容，平安公司也没有做出说明，因此平安公司无权以此拒赔。平安公司辩称，保险合同的全部条款是双方当事人一致同意的内容，合法有效；原告不能在事故发生后只选择合同的责任条款而否定免责条款。本案货损绝大部分是食品公司、发货人方面的原因与运输迟延造成的，这属于保险单约定的除外责任，食品公司应承担大部分的损失和费用。

本案争议的焦点是平安公司出具的保险单背面载明的免责条款是否有效，平安公司对货损能否免责，这就涉及运输保险合同关于保险条款、投保人与保险人的权利与义务及运输保险的责任承担等问题。

如果你是法官，你支持平安公司还是食品公司的主张？

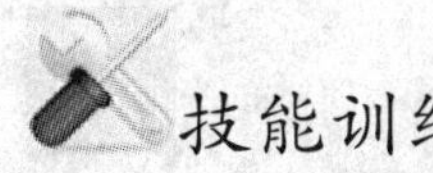

技能训练

一、实践训练题

请根据保险合同样本，两人一组，一方代表保险公司，一方代表投保人，签订一份保险合同。

二、实训项目安排——签订保险合同

（一）项目名称

学生分角色协商签订货物运输财产保险合同，并填写保险单。

（二）项目安排时间

学完货物运输相关法律法规以后作为课业由学生课下完成。

（三）成果形式

有效的书面货物运输财产保险合同。

（四）实训目标

1. 知识目标：掌握各类货物运输财产保险合同的基本条款。

2. 能力目标：培养运用货物运输财产保险合同法律的能力；同学之间的相互沟通能力；写作能力与谈判能力。

（五）任务内容

1. 同学自由组合，2 人一组，一人代表保险公司，一人代表投保人。

2. 到图书馆或网上查找的货物运输财产保险合同模板或者依据本章实训指导中的模板。

3. 双方讨论货物运输财产保险合同的标的、数量和质量、履行期限、地点和方式、违约责任、相互间的权利和义务等内容。

4. 将讨论内容写进货物运输财产保险合同。

5. 双方在货物运输财产保险合同上签字。

（六）考核标准

签订货物运输财产保险合同的成绩分为两部分：货物运输财产保险合同内容分和形式分（百分制）

1. 货物运输财产保险合同的写作内容分（45 分）

（1）合同条款内容全面（15 分）

（2）合同条款内容明确，可实施（15 分）

（3）合同内容有创意，贴近学生专业实际（15 分）

2. 货物运输财产保险合同的写作形式分（55 分）

（1）合同格式正确（10 分）

（2）合同签字手续完备（15 分）

（3）书写整齐，无错别字。如果是电子版，要求排版美观整齐（15 分）

（4）保险单填写正确，完整（15 分）

第二节　保险理赔

一、运输保险风险与损失

国际贸易中的货物在海上运输、装卸和储存过程中，可能会遭到各种不同风险，而海上货物运输保险人主要承保的风险有狭义的海上风险和外来风险。

1. 狭义的海上风险

狭义的海上风险是指海上发生的意外事故和自然灾害。意外事故是指由于意料不到的原因所造成的事故，如碰撞、火灾、搁浅、触礁、沉没、爆炸等；自然灾害是指由于自然界的变异引起破坏力量所造成的灾害，如恶劣气候、雷电、海啸、洪水、火山爆发、地震等人力不可抗拒的灾害。

意外事故的类型主要有以下几种：

(1) 碰撞

碰撞是指船舶与船或其他固定的、流动的固定物猛力接触，如船舶与冰山、桥梁、码头、灯标等相撞等。

(2) 火灾

火灾是指船舶本身，船上设备以及载运的货物失火燃烧。

(3) 搁浅

搁浅是指船舶与海底、浅滩、堤岸在事先无法预料到的意外情况下发生触礁，并搁置一段时间，使船舶无法继续行进以完成运输任务，但规律性的潮汛涨落所造成的搁浅则不属于保险搁浅的范畴。

(4) 触礁

触礁是指载货船舶触及水中岩礁或其他阻碍物。

(5) 沉没

沉没是指船体全部或大部分已经没入水面以下，并已失去继续航行能力。若船体部分入水，但仍具航行能力，则不视作沉没。

(6) 爆炸

爆炸是指船上锅炉或其他机器设备发生爆炸和船上货物因气候条件（如温度）影响产生化学反应引起的爆炸。

自然灾害的类型主要有以下几种：

(1) 恶劣气候

恶劣气候通常指暴风雨，一般是指海上的飓风（八级以上）、大浪（3m 以上的浪）、暴雨引起的船舶颠簸、倾斜，造成船体破裂，船上机器设备损坏，以及船上货物碰损破碎、混杂、包装破裂或是被水浸湿、冲走等。恶劣气候是货物在海运途中最容易遇到的风险。

(2) 雷电

雷电是指船舶、货物因被雷电击中所直接造成的损失和由此引起火灾而致的损失，也包括船舶被雷电击中而破损致使海水进入船舱造成货物的损失。

(3) 海啸

海啸是指由于海底地震、火山活动、海岸地壳变异或特大海洋风暴等引起的海水强烈震动而产生巨大浪潮，导致船舶、货物被淹没、冲击或损毁。

(4) 火山爆发

火山爆发是指由于强烈的火山活动，喷发固体、液体以及有毒气体造成的船货损失。

(5) 洪水

洪水是指由于偶然的、意外的大量降水在短时间内汇集河槽而形成的特大径流造成的船货损失，包括山洪暴发、江河泛滥、潮水上岸或暴雨积水成灾造成航行的船舶及货物被淹没、浸泡、冲散及冲毁的损失。

(6) 地震

地震是指因地壳发生急剧的自然变异，使地面发生震动而导致船货的直接损失或由此引起的火灾、爆炸、淹没等损失。

2. 外来风险

外来风险一般是指由于外来原因引起的风险，它可分为一般外来风险和特殊外来风险。

一般外来风险是指货物在运输途中由于受潮、受热、霉变、串味、玷污、钩损、生锈、碰损、偷窃、下雨、短量、渗漏、破碎等原因所导致的风险。

特殊外来风险是指由于战争、罢工、拒绝交付等政治、军事、国家禁令及管制措施所造成的风险与损失。被保险货物因遭受海上运输中的风险所导致的损失称之为海损或海上损失。海损按损失程度的不同，可分为部分损失和全部损失。

(1) 全部损失

全部损失简称全损，是指被保险货物在海洋运输中遭受全部损失。从损失的性质看，全损又可分为实际全损和推定全损两种。

1）实际全损。实际全损又称绝对全损，是指保险标的物在运输途中全部灭失或等同于全部灭失。在保险业务上构成实际全损主要有以下几种情况。

①保险标的物的物权完全丧失已无法挽回。例如，载货船舶被海盗抢劫，或船货被敌对国扣押等，虽然标的物仍然存在，但被保险人已失去标的物的物权。

②保险标的物全部灭失。例如，载货船舶遭遇海难后沉入海底，保险标的物实体完全灭失。

③载货船舶失踪，杳无音讯已达相当一段时间。在国际贸易实务中，一般根据航程的远近和航行的区域来决定时间的长短。

④保险标的物已丧失原有商业价值或用途。例如，水泥受海水浸泡后变硬；烟叶受潮发霉后已失去原有价值。

2）推定全损。推定全损是指保险货物的实际全损已经不可避免，或进行施救、复原的费用加上将货物运抵目的港的费用已超出保险补偿价值的这种损失。构成被保险货物推定全损的情况有以下几种情况。

①保险标的物受损后，其整理和继续运往目的港的费用，超过货物到达目的港的价值。

②保险标的物受损后，其修理费用超过货物修复后的价值。

③保险标的物遭受保险责任范围内的事故，使被保险人失去标的物的所有权，而收回标

的物的所有权，其费用已超过收回标的物的价值。

④保险标的物的实际全损已经无法避免，为避免全损所需的施救费用，将超过获救后标的物的价值。

（2）部分损失

不属于实际全损和推定全损的损失为部分损失。部分损失按其性质可分为共同海损和单独海损。

1）共同海损是指载货船舶在海运上遇难时，船方为了共同安全，以使同一航程中的船货脱离危险，有意而合理地作出的牺牲或引起的特殊费用，这些损失和费用就被称为共同海损。构成共同海损的条件包括以下几个。

①共同海损的危险必须是实际存在的，或者是不可避免的，而非主观臆测的。因为不是所有的海上灾难、事故都会引起共同海损的。

②必须是自愿地和有意识地采取合理措施所造成的损失或发生的费用。

③必须是为船货共同安全采取的谨慎行为或措施时所做的牺牲或引起的特殊费用。

④必须是属于非平常性质的牺牲或发生的费用，并且是以脱险为目的。

共同海损行为所作出的牺牲或引起的特殊费用，都是为使船主、货主和承运方不遭受损失而支出的，因此，不管其大小如何，都应由船主、货主和承运各方按获救的价值，以一定的比例分摊，这种分摊叫共同海损的分摊。在分摊共同海损费用时，不仅要包括未受损失的利害关系人，而且还需包括受到损失的利害关系人。共同海损分摊涉及的因素比较复杂，一般均由专门的海损理算机构进行理算。

2）单独海损。单独海损是指保险标的物在海上遭受承保范围内的风险所造成的部分灭失或损害，即指除共同海损以外的部分损失。这种损失只能由标的物所有人单独负担。与共同海损相比较，单独海损的特点有以下几个。

①它不是人为有意造成的部分损失。

②它是保险标的物本身的损失。

③单独海损由受损失的被保险人单独承担，但其可根据损失情况从保险人那里获得赔偿。不论投保何种险种，由于海上风险而造成的全部损失和共同海损均属保险人的承保范围。对于推定全损的情况，由于货物并未全部灭失，被保险人可以选择按全损或按部分损失索赔。若按全损处理，则被保险人应向保险人提交委付通知，把残余标的物的所有权交付保险人，经保险人接收后，可按全损得到赔偿。

二、运输保险种类

1. 陆运险

陆运险的责任范围与海洋运输货物保险中的水渍险相似，保险公司对被保险货物在运输途中遭受暴风、雷电、地震、洪水等自然灾害和由于运输工具遭受碰撞、倾覆、出轨，如有驳运过程，包括驳运工具搁浅、触礁、沉没、碰撞或由于遭受隧道坍塌、崖崩或失火、爆炸等意外事故所造成的全部或部分损失负责赔偿，即保险公司除承担上述陆运险的责任外，还对由于一般外来原因造成的货物短少、偷窃、渗漏、破碎等全部或部分损失赔偿。陆运险和陆运一切险的保险责任期限与海洋运输货物险相同，也采用“仓至仓条款”，但是最长至被保险货物运抵卸载车站起满60天为止。

2. **海上保险**

海上保险是保险人和被保险人通过协商，对船舶、货物及其他海上标的所可能遭遇的风险进行约定，被保险人在交纳约定的保险费后，保险人承诺一旦上述风险在约定的时间内发生并对被保险人造成损失，保险人将按约定给予被保险人经济补偿的商务活动。海上保险属于财产保险的范畴，是对由于海上自然灾害和意外事故给人们造成的财产损失给予经济补偿的一项法律制度。

海上保险与一般财产保险的不同主要在于：海上保险的标的通常与海上航行有关，如船舶和船上的货物等；海上保险承保的风险除了一般陆上也存在的风险（如雷电、恶劣气候、火灾、爆炸等）之外，还有大量的海上所特有的风险（如触礁、搁浅、海水进舱等）；海上保险一般属于国际商务活动，因为在通常情况下，海上保险的当事人属于不同的国家，保险事故发生在异国他乡，因而大多牵涉到国际关系。

3. **航空运输险**

航空运输险和航空运输一切险，分别同陆运险和陆运一切险基本相同。其保险责任期限也采用“仓至仓条款”，但是航空运输险和航空运输一切险最长以被保险货物到达卸载地卸离飞机后满 60 天为止。

4. **邮包险**

邮包险的承保责任范围是被保险邮包在运输途中，由于恶劣气候、雷电、地震、洪水等自然灾害，或由于运输工具搁浅、触礁、沉没、碰撞、倾覆、坠落、失踪、失火和爆炸等意外事故所造成的全部或部分损失，还包括海运途中共同海损的牺牲、分摊和救助费用。邮包一切险的承保责任范围是还对被保险邮包被偷窃、短少等全部或部分负责赔偿。邮包险和邮包一切险的承保责任期限是自被保险货物离开保险单所载起运地点寄件人的处所运往邮局时开始生效，直至被保险邮包运达保险单所载明的目的地邮局，自邮局签发到货通知书当天午夜起算满 15 天为止，但在此期限内，邮包一经递交至收件人处所时，保险责任即行终止。陆地、航空、邮包运输货物，除上述基本险别外，也可加保战争险、罢工险等特殊附加险。

三、国际货运承保风险

海上运输保险又可分为海上运输货物保险、海上运输冷藏货物保险、海上运输散装桐油保险以及海上运输战争和罢工险等专门险种。

根据中国人民保险公司 1981 年 1 月 1 日公布实施的现行《海洋运输货物保险条款》，该条款分为一般保险条款和特殊保险条款。一般保险条款中包括三种基本险别，即平安险、水渍险和一切险。特别保险条款包括一般附加险、特别附加险和特殊附加险三种。

1. **一般保险条款的承保范围**

（1）平安险

“平安险”其英文字面意思是“对单独海损不负责任”，它是海上运输货物保险中责任范围最小的一种险别。但随着国际贸易和国际航运的不断发展，经过国际保险界的多次修订和补充，平安险的承保责任现已远远超过了仅对全损和共同海损赔偿的范围，保险人对因某些意外事故所造成的单独海损也负有赔偿责任。

根据中国人民保险公司的《海洋运输货物保险条款》，平安险的责任范围具体包括以下几个方面。

1）被保险货物在运输途中由于恶劣气候、雷电、海啸、地震、洪水等自然灾害造成整批货物的全部损失或推定全损。当被保险人要求赔付推定全损时，须将受损货物及其权利委付给保险公司。被保险货物用驳船运往或运离海轮的，每一驳船所装的货物可视为一个整批。推定全损是被保险货物的实际全损已经不可避免，或者恢复、修复受损货物以及运送货物到原定目的地的费用超过该目的地的货物价值。

2）在运输工具已经发生搁浅、触礁、沉没、焚毁意外事故的情况下，货物在此前后又在海上遭受恶劣气候、雷电、海啸等自然灾害所造成的部分损失。

3）由于运输工具遭受搁浅、触礁、沉没、互撞、与流冰或其他物体碰撞，以及失火、爆炸等意外事故造成货物的全部或部分损失。

4）运输工具遭遇海难后，在避难港由于卸货所引起的损失及在中途港、避难港由于卸货、存仓以及运送货物所产生的特别费用。

5）在装卸或转运时由于一件或数件整件货物落海造成的全部或部分损失。

6）被保险人对遭受承保责任内危险的货物采取抢救、防止或减少货损的措施而支付的合理费用，但以不超过该批被救起货物的保险金额为限。

7）共同海损的牺牲、分摊和救助费用。

8）运输契约订有“船舶互撞责任”条款，根据该条款规定应由货方偿还船方的损失。

与国际市场上的平安险条款相比，中国人民保险公司的平安险有如下特点：一是规定对货物在装卸或转运时，由于一件或数件整件货物落海造成的全部或部分损失负责赔偿。其中，部分损失是指整件货物落海后经努力抢救，只救起一部分，这虽然属于部分损失，但保险人也予以赔偿，此规定的目的在于鼓励打捞抢救，海运欺诈不属于平安险的范围；二是明确规定“推定全损”的含义为“推定全损是被保险货物的实际全损已经不可避免，或者恢复、修复受损货物以及运送货物到原定目的地的费用超过该目的地的货物价值”，该规定清楚、具体，避免了对损失达到什么样的程度才构成推定全损的争议。

（2）水渍险

水渍险的承保责任除了包括上述平安险的各项责任外，还负责被保险货物由于恶劣气候、雷电、海啸、地震、洪水等自然灾害所造成的部分损失。也就是说在平安险的基础上，再加上由于恶劣气候等自然灾害所造成的被保险货物的部分损失，即水渍险包括平安险以及平安险中不包括的那部分单独海损损失。与平安险相比，水渍险的责任范围要大得多，保险费率也高于平安险。

（3）一切险

一切险除承保平安险和水渍险的全部责任外，还承保货物在运输途中由于一般外来风险所致的全部损失或部分损失。实际上，一切险的责任范围是平安险、水渍险和 11 种一般附加险责任范围的综合，但一切险不负责特别附加险和特殊附加险所造成的损失。因而，投保一切险并不代表着保险公司承担了一切损失责任。

（4）除外责任

对海上运输中被保险货物发生下列损失，保险公司不负责赔偿。

1）属于发货人责任引起的损失。

2）被保险人的故意或过失行为。

3）被保险货物的自然损耗、本质缺陷、特性以及市价跌落、运输延迟所引起的损失和责任。

4）损失责任开始前，被保险货物已经存在的品质不良或数量短差造成的损失。

5）海上运输货物战争险条款和货物运输罢工险条款规定的责任范围和除外责任。战争险和罢工险都属于特殊风险，凡与此有关的原因造成保险标的的损失，如果仅投保基本险，保险人均不负责赔偿。

（5）保险责任期限

根据我国保险法的相关规定，承保人的责任起讫为“仓至仓”（warehouse to warehouse，缩写为 W/W），具体规定如下。

保险责任自被保险货物运离保险单所载明的起运地仓库或储存处所开始运输时生效，包括正常运输过程中的海上、陆上、内河和驳船运输在内，直至该项货物到达保险单所载明目的地收货人的最后仓库或储存处所或被保险人用做分配、分派或非正常运输的其他储存处所为止。

如未抵达上述仓库或储存处所，则保险责任以被保险货物在最后卸载港全部卸离海轮后满 60 天为止。如在上述 60 天内被保险货物需转运到非保险单所载明的目的地时，则保险责任以该项货物开始转运时终止。由于被保险人无法控制的运输延迟，绕道，被迫卸货，重新装载，转载或承运人运用运输契约赋予的权限所作的任何航海上的变更或终止运输契约，致使被保险货物运到非保险单所载明目的地时，在被保险人及时将获知的情况通知保险人，并在必要时加缴保险费的情况下，该保险仍继续有效，这种条款被称为“扩展责任条款”，又称“运输合同终止条款”。在这种情况下，保险人的扩展责任按下列规定终止：被保险货物如在非保险单所载明的目的地出售，保险责任至交货时为止，但不论任何情况，均以被保险货物在卸载港全部卸离海轮后满 60 天为止；被保险货物如在上述 60 天期限内继续运往保险单所载原目的地或其他目的地时，保险责任仍按“仓至仓”条款的规定终止。

（6）被保险人的义务

根据中国人民保险公司海上运输货物保险条款的相关规定，被保险人应承担的义务如下。

1）对遭受承保责任内危险的货物，被保险人和保险人都可迅速采取合理的抢救措施，防止或减少货物的损失。被保险人采取此措施，不应视为放弃委付的表示；保险人采取此措施，也不得视为接受委付的表示。

2）当被保险货物运抵保险单所载明的目的港（地）以后，被保险人应及时提货，当发现被保险货物遭受任何损失，应立即向保险单上所载明的检验、理赔代理人申请检验，如发现被保险货物整件短少或有明显残损痕迹应立即向承运人、受托人或有关当局（海关、港务当局等）索取货损货差证明。如果货损货差是由于承运人、受托人或其他有关方面的责任所造成的，并应以书面方式向他们提出索赔，必要时还须取得延长时效的认证。

3）如遇航程变更或发现保险单所载明的货物、船名或航程有遗漏或错误时，被保险人应在获悉后立即通知保险人并在必要时加缴保费，保险才继续有效。

4）在获悉有关运输契约中“船舶互撞责任”条款的实际责任后，应及时通知保险人。

5）在向保险人索赔时，必须提供下列单证：保险单正本，提单，发票，装箱单，磅码单，货损货差证明，检验报告及索赔清单。如涉及第三者责任，还须提供向责任方追偿的有关函电及其他必要单证或文件。

2. 特殊保险条款

特殊保险条款包括一般附加险、特别附加险和特殊附加险三种。

(1) 一般附加险

目前中国人民保险公司开办的一般附加险有 11 种。

1) 偷窃、提货不着险 (Theft, Pilferage and Non-Delivery，简写为 T. P. N. D)。承保在保险有效期内，保险货物遭到偷窃，或者在运达目的地后整件货物短少的损失，承运人或其他第三者责任方按运送合同规定享有豁免的部分。

2) 淡水雨淋险 (Fresh Water and/or Rain Damage)。承保直接由于淡水和雨水 (包括舱汗、船上淡水舱水管漏水等) 所造成的损失。但包装外需有淡水或雨水痕迹予以证明。与平安险和水渍险的不同之处在于，后者承保的仅是海水所致损失，因此，淡水雨淋险是在平安险和水渍险基础上的补充和扩展。

3) 短量险 (Risk of Shortage)。承保货物在运输过程中因外包装或散装货发生数量短少和实际重量短缺的损失，但正常途耗不属此责任范围。

4) 混杂、玷污险 (Risk of Intermixture and Contamination)。承保货物在运输过程中因混进杂质或与其他货物接触中被污染的损失。如散装的粮谷混进泥土、草屑，布匹被油脂、颜料等玷污等。

5) 渗漏险 (Risk of Leakage)。承保流质、半流质、油类等货物在运输过程中由于容器损坏而引起渗漏的损失，以及用液体储运的货物如湿肠衣、酱渍菜等因储液渗漏而使肠衣变质、酱渍菜不能食用等损失。

6) 碰损破碎险 (Risk of Clashing and Breakage)。承保在运输途中因震荡、颠簸、挤压以及野蛮装卸等一切外来原因所造成的货物本身的碰损、破碎等损失。

7) 串味险 (Risk of Odor)。承保货物在运输过程中受其他货物影响引起的串味损失。如茶叶、食品、药材、化妆品等与樟脑放在一起，受樟脑味影响发生串味损失。但如果这种串味损失与船方配载不当有关，则应由船方负责。

8) 受潮、受热险 (Damage Caused by Sweating and Heating)。承保货物在运输过程中由于气候变化或船上通风设备失灵等原因导致舱内水汽凝结、发潮、发热造成的货物损失。

9) 钩损险 (Hook Damage)。承保货物在运输过程中因使用钩子装卸导致包装破裂、货物外漏或钩子直接钩破货物的损失以及对包装进行修补或掉换所支付的费用。

10) 包装破裂险 (Loss and/or Damage Caused by Breakage Packing)，承保货物在运输过程中因搬运或装卸不慎使得包装破裂造成的货物短少、玷污、受潮等损失，以及为继续运输对包装进行修补或调换所支付的费用。

11) 锈损险 (Risk of Rusting)。承保货物运输过程中受海水、淡水、雨淋或潮湿导致生锈发生的损失。可锈、必锈物质如铁丝、铁绳、水管以及裸装金属块、板、条等，不承保此种附加险，以免定损时发生困难。

以上 11 种一般附加险都包括在一切险之中，各自不能单独投保；或是由投保人在投保了平安险或水渍险之后，根据需要，再选择加保其中的一种或几种险别。

（2）特别附加险

1）交货不到险（Failure to Deliver）。承保货物从装上货轮开始，如货物不能在预定抵达目的地的日期起6个月内运到原定目的地交货，不论任何原因造成的损失。投保此险，被保险人必须获得进口所需的一切许可证，否则不予承保。

2）进口关税险（Import Duty）。承保被保险货物发生保险范围内损失，被保险人仍然要按完好货物的价值缴纳关税时，保险公司对这部分关税损失给予赔偿。

3）舱面险（On Deck）。承保货物因置于舱面被抛弃或风浪冲击落水的损失。

4）拒收险（Rejection）。承保被保险货物在进口时，不论什么原因，在进口港遭有关当局禁止进口或没收发生的损失。为此，被保险人必须保证提供所保货物进口所需要的许可证及其他证明文件。

5）黄曲霉素险（Aflatoxin）。承保被保险货物进口国卫生当局化验发现其所含黄曲霉素超过规定的限制标准，被拒绝进口、没收或强制改变用途而造成的损失。

6）出口货物到香港（九龙）或澳门存仓火险责任扩展条款（Fire Risk Extension Clause for Storage of Cargo at Destination HongKong Including Kowloon or Macao）。承保出口到中国香港（包括九龙）或澳门的货物，卸离运输工具后，如直接存放于保单所载明的过户银行所指定的仓库时，保单存仓火险责任扩展，自运输责任终止时开始，直至银行收回押款解除对货物的权益后终止，或自运输责任终止时起满30天为止。

（3）特殊附加险

1）罢工险。承保货物由于罢工者、被迫停工工人或参加工潮、暴动或民众斗争的人员的行动，或任何人的恶意行为所造成被保险货物的直接损失和上述行动引起的共同海损的牺牲、分摊和救助费用。罢工险只承保罢工行为所致的被保险货物的直接物质损失。如果因罢工造成劳动力不足或无法使用劳动力，而使货物无法正常运输、装卸以致损失，属于间接损失，保险人不予负责。

罢工险的保险期限和海运货物主险相同，都是以“仓至仓”条款为依据，保险人负责货物从卖方仓库起运到存入买方仓库为止的整个运输过程的风险。

罢工险通常与战争险同时承保，投保人只需在保单上注明战争险包括罢工险，并附上罢工险条款即可，无须另加付保险费。

2）战争险（War Risk）。根据中国人民保险公司海上运输货物战争险条款，其责任范围为：直接由于作战、类似战争行为和敌对行为、武装冲突或海盗行为所造成的被保险货物的损失；由于上述原因所引起的捕获、拘留、扣留、禁制、扣押所造成的损失；由于各种常规武器，包括水雷、鱼雷、炸弹所致的损失。

战争险条款责任范围引起的共同海损牺牲、分摊和救助费用。所谓战争是指主权国家或事实上有主权国家特征的政治实体之间动用武力的行动。需注意的是，我国把海盗行为纳入了责任范围之内，而在英国，海盗行为属于运输险的承保范围。保险公司对下列两项原因导致的损失，不负赔偿责任：由于敌对行为使用原子或热核制造的武器所致的损失和费用；根据执政者、当政者或其他武装集团的扣押、拘留引起的承保航运的丧失和挫折而提出的任何索赔。

战争险中保险人的责任期限与主险的保险期限有所不同。它是以“水上责任”为限，而非“仓至仓”，即自被保险货物装上保险单所载起运港的海轮或驳船时开始，到卸离保险单所载目的港海轮或驳船为止。但如果到目的地后货物未卸船，则最长期限为海轮到达目的地当日午夜起算满 15 天。当需要中途转船时，不论被保险货物是否卸载，则保险责任在该转运港的最长期限从船舶到达该港口或卸货地之日午夜起满 15 天，待再装上续运海轮时保险恢复有效。

3）战争险的附加费用（Additional Expenses-War Risks）。战争险只承保战争风险造成的直接物质损失，对由于战争风险所致的附加费用不予以承保。而战争险的附加费用承保因战争后果所引起的附加费用，如卸货、存仓、转运、关税等。

3. 特种货物海上运输保险

我国特种货物海上运输保险是针对某些性质特殊的货物而制定的，主要有海上运输散装桐油保险和海上运输冷藏货物保险两种。

（1）海上运输散装桐油保险

散装桐油因自身特性，在运输途中非常容易发生污染、变质等损失，若要获得全面保障，就须投保海运散装桐油保险。该保险除了承保海上运输货物保险的各项责任以外，还针对散装桐油的特点，负责赔偿不论何种原因所致的桐油的短少、渗漏且超过规定免赔率的损失以及污染或变质损失。海运散装桐油保险的责任自桐油运离保险单载明的起运港的岸上油库或盛装容器开始，至保险单载明的目的地岸上油库责任终止，而且最多只负责海轮到达目的港后 15 天。

由于散装桐油非常易受污染、易变质，而且保险人承保的责任十分广泛，为控制自身承保的风险，避免承担桐油装运前的质量缺陷以及容器的不洁导致的损失，保险人在保险条款中对桐油的检验规定了一系列严格的要求：被保险人必须在起运港取得船上油仓的清洁合格证书，桐油装船后的容量、重量、温度的证书和装船桐油的品质检验合格证书；如果发生意外，必须在中途港卸货时，同样在卸货前对货物进行品质鉴定并取得证书，对接受所卸桐油的油驳、岸上油库及其重新装载桐油的船舶、油轮等进行检验，并出具证书；桐油到达目的港后，在卸货前，还须由保险单指定的检验人对油仓的温度、容量、重量以及品质进行检验，出具证书。除了为决定赔款数额而支付的必要检验和化验费用外，一切检验和化验费用均由被保险人负担。被保险人必须取得上述证书，才能在桐油发生品质上的损失时获得保险赔款。

（2）海上运输冷藏货物保险

冷藏货物是指在运输过程中必须储藏在冷藏容器里或冷冻舱内的货物，通常包括蔬菜、水果、鱼、虾、肉等。这类货物对温度变化非常敏感，承运人在承运这类货物时必须根据各种货物的性质和不同要求，调整不同的冷藏温度；倘若船上冷藏设备失灵，就会使这些货物变质腐烂。为了满足被保险人的需求，特开办了此险种。实际上，海上运输冷藏货物保险是海上运输货物保险的一种专门保险。中国人民保险公司的海上运输冷藏货物保险有两种险别：冷藏险和冷藏一切险。冷藏险除了包括水渍险的承保责任外，还负责由于冷藏机器停止工作连续达到 24 小时以上所造成的货物腐烂或损失。冷藏一切险的范围更广，除包括冷藏险的各项责任外，还负责被保险鲜货在运输途中由于外来原因所致的腐烂或损失。海上运输冷藏货物保险的除外责任除了与海上运输货物保险的除外责任相同外，还针对冷藏货物的固有特点，增加了如下两条规定：被保险货物在运输过程中的任何阶段因未放在有冷藏设备的仓库或运输工具中，或辅助工具没有隔温设备所造成的货物腐败；被保险货物在责任开始时因未保持良好状态，包括整理加工和包扎不妥，冷冻上的不合规定以及骨头变质所引起的货物腐败和损失。

海上运输冷藏货物保险关于保险期限的规定与海上运输货物保险基本一致，但根据冷藏货物对运输以及储藏条件的特殊要求，作了相应的规定：保险人的责任自保险货物运离保险单所载起运地点的冷藏仓库装入运送工具开始运输时生效，包括正常运输中的海上、陆上、内河和驳船运输在内，直至该货物到达保险单所载明的卸载港 30 天内卸离海轮，并将货物存入岸上冷藏库后继续有效。但以货物全部卸离海轮起算满 10 天终止。在上述期限内货物一经移出冷藏仓库，则保险责任即行终止。若卸离海轮后不存入冷藏仓库，则至卸离海轮时终止。

四、伦敦保险协会货物保险条款

1. 历史背景

作为现代世界海运保险的中心，英国制定的海运保险的各种规章制度以及条款对其他国家有着广泛的影响。于 1779 年由劳合社社员大会通过的劳合社船货保险单（简称 S. G. 保单）曾经是国际海运保险市场的主要保单格式，世界上许多国家的海运保险单都是据此制定的。

随着国际贸易和国际航运的发展，S. G. 保单因其很少发生变化或修改使得它难以适应海运保险的新发展以及被保险人的需求。为了弥补这种缺陷，保险人往往在 S. G. 保单上加贴各种条款，致使 S. G. 保单的内容日益庞杂、结构更加松散，导致许多不便。S. G. 保单文字古老难懂，越来越不适应现代保险业发展的需要。为此，英国保险业于 20 世纪 80 年代初对 S. G. 保单作了彻底的改变，制定了新的保险单以及相应的保险条款。新的《协会货物保险条款》从 1982 年开始在英国保险市场上使用，并采用新的劳合社保险单格式，原协会货物条款和劳合社 S. G. 保单于 1983 年 3 月 31 日起在英国保险市场停止使用。

2. 伦敦保险协会货物保险条款的特点

（1）用英文字母 A、B、C 命名，取代了旧条款中的一切险、水渍险和平安险。每一险别都各自形成独立的保险单，避免了过去因为险别名称含义不清且与承保范围不符而容易产生的误解。

（2）新货物条款增加了承保陆上风险。如 B、C 条款承保由于陆上运输工具的颠覆、出轨、碰撞引起的保险标的的损失或损害以及湖水、河水渗入船舶造成的损害。

（3）减少了原险别之间的交叉和重叠。如旧条款中水渍险和平安险承保的范围基本是重叠的。水渍险只增加了平安险不承保的由于自然灾害引起的货物部分损失的赔偿。而平安险虽然对单独海损不赔，但实际上在运输工具发生触礁、搁浅等意外事故时，如果在此之前或之后又因自然灾害给货物造成了部分损失，又要给予赔偿。这样就使得两种险别含义不清，相互之间的差别更小了。修改后 B 险承保因自然灾害造成的全部或部分损失以及因重大或非重大意外事故造成的货物全部或部分损失，而 C 险只承保由重大意外事故造成的货物全损或部分损失，因而两种险别之间的界限更为清楚。

（4）独立投保的保险条款。伦敦保险业协会的新货物保险条款共有六种。除协会货物保险 A、B、C 条款外，还有协会战争险条款、罢工险条款、恶意损害险条款。除恶意损害险条款外，各条款均分为承保范围、除外责任、期限等九个部分，十九项条款。与旧货物保险条款不同，新的协会战争险和罢工险条款既可以在投保了 A、B 或 C 条款后加保，也可以在需要时作为独立的险别进行投保。

五、运输保险的索赔与理赔

1. 索赔的原则

货物的索赔和理赔是一项政策性较强、涉及面较广、情况复杂，并具有一定法律原则的涉外工作。在实际工作中，应坚持实事求是、有根有据，合情合理、区别对待、讲究实效的原则。

实事求是，就是应根据所发生事故的实际情况，分析造成事故的原因，确定损失程度和金额。对应该索赔的情况，必须坚持原则行使索赔权利。

有根有据，是处理货物索赔的基础，在向承运人或其他有关当事人提出索赔时，要进行深入细致的调查研究，应掌握造成货损事故的有力证据，并依据合同有关条款、国际惯例提出索赔。

合情合理，是在处理复杂事故时，应从所发生的事故中合理确定责任方应承担的责任和赔偿金额，必要时也可作出一些合理的让步，以便能使货损事故合理地、尽早地得以处理。就是应根据我国的对外政策，对方的态度和有关业务往来，根据不同对象，有理、有利、有节，即对不同对象采用不同方式区别对待，处理索赔。

讲究实效，是指在货损事故索赔中注重实际效果，充分注意保护自身的经济利益、政治利益，既要考虑当前利益，也要考虑长远利益，力求做到既挽回或减少经济损失，又有利于对外影响和业务发展。

2. 索赔应具备的条件

（1）提赔人要有正当提赔权

提出货物索赔的人原则上是货物所有人，或记名运输单据上记载的收货人，或合法的多式联运单据持有人，或使用可转让单据背书上指定的收货人，也可以是他们委托的代理人。在所运输的货物向保险公司投保的情况下，保险公司向损失方按保险合同赔偿损失、取得权益转让证书后，也具有提赔权。

（2）责任方必须负有实际赔偿责任

事实上，索赔方提出索赔并非都能得到赔偿，如属于承运人免责范围之内的，或属保险人承保责任外的货损，在很大程度上是不能得到赔偿的。

确定或证明责任方负有实际赔偿责任的文件通常包括：

1）装卸货记录。

2）货物检验报告。

3）交货记录。

4）残损记录。

5）合同责任条款等。

（3）索赔时应具备的单证

1）索赔申请书。索赔申请书系表明受损方向责任方提出赔偿要求的正式文件，其主要内容包括：

①索赔人的名称和地址。

②运输工具的名称、班次、装货地、卸货地，以及货物的交接地点和时间等。

③货物有关情况。

④短缺或残损或灭失情况。

⑤索赔日期、索赔金额、索赔理由。

⑥在集装箱运输中，还应包括集装箱的规格、班次、装载情况以及运输单据号。

2）运输合同以及证明运输合同的有关单据。运输合同以及证明运输合同的有关单据是划分责任方与受损方责任的主要依据。索赔人在提出索赔时，索赔人应出具合同以及证明合同的有关单据或其影印本，若合同双方另有约定，还应出具与货损有关的协议文件。

3）货物残损检验证书。该证书是受损方针对所发生的货损原因不明或不易区别，或货损数量、程度不易确定，或需权威机构提供货损情况证明时，向检验机构申请对货物进行检验后出具的单证。

4）货物残损单。货物残损单是对货物运输、装卸过程中货物残损所作的实际记录，受损方依据经责任方签署的货物残损单提出索赔。

5）索赔清单。索赔清单主要列明货损事故所涉及的损坏、灭失和延迟损失的货物名称、规格、损坏程度、数量以及货损的金额等内容的一览表，货损的金额通常按货物的到岸价计算。另外，提出索赔时应出具的单证还有商业发票、短损单、修理单等，集装箱运输还应出具装箱单、拆箱单等。

（4）在规定的期限内提出索赔

一项有效的索赔必须在规定的期限内提出，这就是通常所说的“索赔时效”，否则，货物的损害即使确由责任方的过失所致，索赔人提出的索赔在时效过后也很难得到赔偿。

（5）索赔的金额必须是合理的

合理的赔偿金额是以货损实际程度为基础的。但是，在实践中，责任方则往往受赔偿责任限额的保护，如海运承运人的赔偿可享受提单中的赔偿责任限额，保险人的赔偿以保险金额为基础。

3. 索赔的范围

（1）向承运人提出索赔

如果货物是由于下列原因造成灭失或损坏：

1）在卸货港交付的货物数量少于提单中所记载的货物数量。

2）收货人持有正本清洁提单提取货物时，货物发生残损、缺少，且系承运人的过失。

3）货物的灭失或损害是由于承运人免责范围以外的责任所致等。

上述情况则由收货人或其他有权提出索赔的人凭有关部门、机构出具的鉴定证书向承运人提出索赔。

（2）向发货人（卖方）提出索赔

如果货物是由于下列原因造成灭失或损坏：

1）原装货物数量不足。

2）货物的品质与合同规定不符。

3）包装不牢致使货物受损。

4）未在合同规定的装运期内交货或装箱不当（发货人装箱）而致使货物受损。

5）唛头不清。

收货人凭有关部门、机构出具的鉴定证书向发货人（卖方）提出索赔。

（3）向保险公司提出索赔

如果货物的灭失或损害属于下列范围：

1）承保责任范围内，并在保险人责任期限内，保险人应予赔偿的损失。

2）承保责任范围内，由于自然灾害或意外原因等事故使货物遭受损害。

上述情况则由受损方凭有关证书、文件向保险公司提出索赔。

4. 索赔的受理与审核

索赔的受理与审核主要由承运人负责。这是因为货物运输质量的好坏直接关系到理赔工作，在运输质量好的情况下，索赔案件就会减少，理赔工作也会随之减少，而一般来说。国外提赔人往往是通过国外代理提出索赔，由运输货物的承运人受理，承运人在国外的代理无权处理，除非经承运人委托或授权。索赔的受理与审核的一般程序如下：

（1）分清责任

承运人在处理索赔时，首先应分清发生货损的原因和应承担的责任范围。当受损方向承运人提出某项具体索赔时，承运人可根据提单中有关承运人的免责条款解除责任。因此，在索赔和理赔过程中，往往会发生举证和反举证；

原则上，受损方要想获得赔偿，必须予以举证；而责任方企图免除责任减少责任，则必须予以反举证和举证。反举证是分清货损责任的重要手段，有时在一个案件中会多次进行，直到最终确定责任。

（2）审核

审核是处理货损事故仔细且重要的工作，在从事理赔工作时主要审核的内容有以下几种。

1）索赔的提出是否在规定的期限内，如果期限已过，提赔人是否已要求展期。

2）提出索赔所出具的单证是否齐全。

3）单证之间有关内容是否相符，如船名、航次、提单号、货号、品种、检验日期等。

4）货损是否发生在承运人的责任期限内。

5）船方有无海事声明或海事报告。

6）船方是否已在有关单证上签字确认。

7）装卸港的理货数量是否准确。

（3）承运人免责或减少责任应出具的主要单证

承运人对所发生的货损欲解除责任，或意图证明自己并无过失行为，则应出具有关单证对所发生的货损不承担或少承担责任。除前述的收货单、理货计数单、货物溢短单、货物残损单、过驳清单等货运单证外，承运人还应提供以下几种报告。

1）积载检验报告。

2）舱口检验报告。

3）海事声明或海事报告。

4）卸货事故报告。

（4）支付索赔金

在举证与反举证环节，虽然已明确了责任，但在赔偿金额上未取得一致意见时，则应根据法院判决或决议支付一定的索赔金。关于确定损失金额的标准，《海牙规则》并没有作出规定，但在实际业务中大多以货物的 CIF 价作确定赔偿金额的标准。

【案例讨论】

2009 年 11 月 28 日，诚通外贸公司向浙江人保投保了由巴西籍“罗拉”轮所运载的自巴西里约热内卢港至我国舟山港的一批稀有金属，投保险别为一切险。

2009 年 11 月 23 日至 29 日，因船舶租金发生纠纷，“罗拉”轮中止了提单约定的航程并对外封锁了该轮的动态情况。直至 2010 年 4 月，“罗拉”轮走私至我国珠海被我海警查获才真相大白。原来 2010 年 1 月至 3 月，“罗拉”轮船长指挥船员将其中 2 100 多吨稀有金属运走销售，改为“远东 3”号的“罗拉”轮船载剩余的稀有金属走私至我国珠海，4 月 16 日被我海警查获，该批稀有金属已被广东省检察机关作为走私货物没收上缴国库。2010 年 6 月 6 日，诚通外贸公司向浙江人保递交索赔报告书，8 月 20 日，诚通外贸公司再次向浙江人保提出书面索赔申请，浙江人保以不属一切险承保范围为理由明确表示拒赔。诚通外贸公司遂诉至宁波海事法院。

宁波海事法院审理认为，诚通外贸公司与浙江人保之间订立的保险合同有效，双方的权利义务关系应受保险单及所附保险条款的约束与调整。本案所涉投保货物，其中因船东公司的走私行为而被我国边防部门作走私物品处理，剩余货物已被船东非法盗卖，均不能再归诚通外贸公司所拥有。本案保险标的的损失是由于“罗拉”轮船东公司的盗卖和走私行为造成的，根据附于本案所涉保单之后的保险条款的规定，应属于诚通外贸公司所不能预测和控制的“外来原因”，符合诚通外贸公司投保的一切险的承保条件。依照《民法通则》第 106 条、《保险法》第 23 条、《海商法》第 237 条的规定，判决：浙江人保应赔偿诚通外贸公司保险价值损失；驳回诚通外贸公司的其他诉讼请求。浙江人保不服，上诉至浙江省高级人民法院。

阅读并思考：宁波海事法院的判决是否科学？如何确定一切险的承保范围？

第三节　保险代位求偿

一、委付

我国《海商法》第 249 条规定：“保险标的发生推定全损，被保险人要求保险人按照全部损失赔偿的，应当向保险人委付保险标的。保险人可以接收委付，也可以不接收委付，但是应当在合理的时间内将接收委付或者不接收委付的决定通知被保险人。”

委付是指海上保险事故发生后，保险标的物的损失符合推定全损的构成要件时，被保险人请求将该标的物的全部权利和义务转移给保险人，从而获得全部赔偿的制度，委付制度与推定全损制度紧密相连。如果说我国《海商法》第二百四十六条规定的条件是推定全损成立的必要条件，则委付是推定全损成立的充分条件。因为如果保险人不接收委付，推定全损就没有意义，保险人仍将按部分损失理赔。

二、代位求偿

我国《海商法》第252条第一款规定："保险标的发生保险责任范围内的损失是由第三人造成的，被保险人向第三人要求赔偿的权利，自保险人支付赔偿之日起，相应转移给保险人。"这里讲到的就是代位求偿的问题。在实践中有时保险标的所遭受的保险事故是由第三人的行为引起的，被保险人当然有权利向肇事者就其侵权行为所致损失进行索赔。但由于诉讼往往牵涉到许多方面，诉讼过程旷日持久，保险人为便利被保险人，就按保险合同约定先行赔付，进而取得被保险人在标的物上的相关权利代被保险人向第三人进行索赔。这就是在国际保险业中普遍盛行的代位求偿原则。因为保险人的代位求偿权是由被保险人处传来的，应严格局限于被保险人原有的对第三人的权利，不能由于代位求偿而得到被保险人本来没有的权利。

【案例讨论】

案例1

2009年5月31日，三心食品有限公司与某保险公司签订了运输保险合同一份，约定三心食品有限公司将其生产的一批食品向保险公司投保运输险。2009年6月1日三心公司将价值120万元的食品自郑州启运至西安某大型超市。2009年6月5日该超市在收货时发现该批货物中有28箱外包装严重受潮，根据相关食品管理规定，这些食品不能销售，于是拒收。出险后，三心食品有限公司向保险公司进行索赔，保险公司一次性赔付三心食品有限公司人民币10万元后三心食品有限公司向保险公司出具了《权益转让书》。保险公司取得代位求偿权，遂向运输公司索赔。运输公司以保险公司无权代位求偿为由，明确表示拒赔。保险公司于是将运输公司告上了法庭，请求法院判令运输公司赔偿其所支付的10万元保险赔偿金及公估费2 000元。

问题：

法院应该作何判决？

案例2

请认真阅读以下案例，按照《保险法》有关代位求偿的法律规定对案例进行分析。

2005年7月20日，红星五金有限责任公司与四方航空公司办理了货物托运手续，委托航空公司运200台29英寸彩色电视机，总货款60万元。同日，红星五金有限责任公司又在长安保险公司投保了运输保险，保险金额为60万元。红星五金有限责任公司交付了保险费，保险公司出具了保险单。飞机在降落时，发生机械故障，机身剧烈抖动，致使200台电视机全部损坏。红星五金有限责任公司向保险公司索赔，保险公司审查了全部有关材料，确认后，赔付红星五金有限责任公司60万元。赔付后，向航空公司提出追偿。四方航空公司拒绝赔付，理由是与保险公司没有任何关系。保险公司起诉，航空公司为被告，红星五金有限责任公司为第三人。

问题：

保险公司是否有权要求航空公司赔偿？

思考与练习

一、单项选择题

1. 关于国际货运保险被保险人应在（　　）具有可保利益。

A. 投保时　　B. 保险单签发时

C. 保险事故发生要求赔偿时　　D. 向保险公司办理索赔时

2. 对于共同海损所作出的牺牲和支出的费用，应由（　　）。

A. 船方承担

B. 货方承担

C. 保险公司承担

D. 所有与之有利害关系的受益人按船舶、货物、运费获救后的价值比例分摊

3. 保险公司承担保险责任的期间通常是（　　）。

A. “钩至钩”期间　　B. 舷至舷期间

C. “仓至仓”期间　　D. 水面责任期间

4. 按 CIF 术语成交的贸易合同，货物在运输途中因火灾被焚，应由（　　）。

A. 卖方承担货物损失　　B. 卖方负责向保险公司索赔

C. 买方负责向保险公司索赔　　D. 买方负责向承运人索赔

5. 平安险不赔偿（　　）。

A. 自然灾害造成的实际全损

B. 自然灾害造成的推定全损

C. 意外事故造成的全部损失和部分损失

D. 自然灾害造成的单独海损

6. 淡水雨淋险属于（　　）的承保范围。

A. 平安险　　B. 水渍险　　C. 一般附加险　　D. 特别附加险

7. 我国某公司以 CIF 条件与国外客户订立出口合同。根据《2000 通则》的解释，买方对投保无特殊要求，该公司只需投保（　　）。

A. 平安险　　B. 水渍险　　C. 一切险　　D. 一切险加战争险

8. 按《中国人民保险公司海洋货物运输保险条款》的规定，在三种基本险别中，保险公司承担赔偿责任的范围是（　　）。

A. 平安险最大，其次是一切险，再次是水渍险

B. 水渍险最大，其次是一切险，再次是平安险

C. 一切险最大，其次是水渍险，再次是平安险

D. 一切险最大，其次是平安险，再次是水渍险

9. 根据“仓至仓”条款的规定，从货物在目的港卸离海轮时起满（　　）天，不管货物是否进入保险单载明的收货人仓库，保险公司的保险责任均告终止。

A. 15　　B. 30　　C. 10　　D. 60

10. 根据现行的《伦敦保险协会货物保险条款》的规定，承保风险最大的险别是

（ ）。

A. ICC（A） B. ICC（B） C. ICC（C） D. ICC（D）

二、多项选择题

1. 在国际货物运输保险中，保险公司承保的风险包括（ ）。
   A. 自然灾害 B. 意外事故
   C. 外来风险 D. 运输延迟造成损失的风险
2. 保险公司承保水渍险的责任包括赔偿（ ）。
   A. 自然灾害造成的全部损失 B. 自然灾害造成的部分损失
   C. 意外事故造成的共同海损 D. 意外事故造成的单独海损
3. 一般附加险包括（ ）。
   A. 淡水雨淋险 B. 包装破裂险 C. 拒收险 D. 舱面险
4. 为防止海上运输途中货物被窃，可以投保（ ）。
   A. 平安险加保偷窃险 B. 水渍险加保偷窃险
   C. 一切险加保偷窃险 D. 一切险
5. 《中国人民保险公司海洋运输货物保险条款》规定的基本险别包括（ ）。
   A. 平安险 B. 战争险 C. 水渍险 D. 一切险
6. 出口茶叶，为防止运输途中串味，办理投保时，应该投保（ ）。
   A. 串味险 B. 平安险加串味险
   C. 一切险 D. 水渍险加串味险
7. 在海上保险业务中，构成被保险货物“实际全损”的情况有（ ）。
   A. 保险标的物完全灭失
   B. 保险标的物丧失已无法挽回
   C. 保险标的物发生变质，失去原有使用价值
   D. 船舶失踪达到一定时期
8. 根据《伦敦保险协会货物保险条款》的规定，（ ）可以单独投保。
   A. ICC（A） B. ICC（B） C. ICC（C） D. 战争险
9. 根据我国现行《中国人民保险公司海洋货物运输保险条款》的规定，能够独立投保的险别有（ ）。
   A. 平安险 B. 水渍险 C. 一切险 D. 战争险
10. 对海上运输中被保险货物发生下列损失，保险公司不负责赔偿的有（ ）。
    A. 被保险人的故意或过失行为
    B. 属于发货人责任引起的损失
    C. 损失责任开始前，被保险货物已经存在的品质不良或数量短差造成的损失
    D. 被保险货物的自然损耗、本质缺陷、特性以及市价跌落、运输延迟所引起的损失和责任

三、名词解释

保险　保险合同　保险利益　代位　委付　国际海上运输保险合同　平安险　水渍险　一切险

四、问答题

1. 简述保险的概念与特征。
2. 试论保险法的基本原则。
3. 简述物流保险的概念与特征。
4. 简述物流保险合同中投保人和被保险人的义务。
5. 简述物流保险合同中保险人的义务。
6. 简述海洋运输货物的风险与损失。
7. 简述海洋运输货物保险的基本险别。
8. 简述保险合同的内容。
9. 试述国际货物运输保险的风险与损失。
10. 试述《中国人民保险公司海洋货物运输保险条款》和《伦敦保险协会货物保险条款》的内容。

五、案例分析题

案例 1 某货船从天津新港驶往新加坡，在航行途中船舶货舱起火，大火蔓延到机舱，船长为了船、货的共同安全，决定采取紧急措施，往船中灌水灭火。火虽被扑灭，但由于主机受损，无法继续航行，于是船长决定雇用拖轮将货船拖回新港修理。检修后重新驶往新加坡。事后调查，这次事件造成的损失有：①1 000 箱货烧毁；②300 箱货由于灌水灭火受到损失；③主机和部分甲板被烧毁；④拖船费用；⑤额外增加的燃料和船长、船员工资。

问题：从上述各项损失性质来看，各属于什么海损？

案例 2 我国某进出口公司以 CIF 鹿特丹条件出口食品 1 000 箱，并向中国人民保险公司投保一切险。货到目的港后，经进口人复验发现下列情况：①该批货物共 10 个批号，抽查 20 箱，发现其中 1 个批号，即 100 箱内出现玷污现象；②收货人实收 998 箱，短少 2 箱；③有 15 箱货物外表良好，但箱内货物共短少 60 千克。

问题：根据以上情况，进口人应当分别向谁索赔？

案例 3 一批货物已投保了平安险，分装两艘货轮驶往目的港。一艘货轮在航行中遇暴风雨袭击，船身颠簸，货物相互碰撞而发生部分损失；另一艘货轮在航行中则与流冰碰撞，货物也发生了部分损失。请问：保险公司对于这两次的损失是否都应给予赔偿？

案例 4 1993 年 6 月初，承载价值 148 万美元的 5 000 吨钢材的船舶抵达卸货港海口后，近 1 个月一直没有收货人凭正本提单前来提货。直到 7 月 10 日，C 贸易公司作为货物的买方，根据 B 货运代理出具的“收货人无正本提单提货保函”前来提货。A 船务代理基于其与 C 贸易公司长期的合作关系及 C 贸易公司的良好信誉考虑，为方便货主报关，同意开出放货单并在保函上批注“注意催促货运代理把正本提单交回，同意先报关放行”。由于提货人没有支付货款，导致提单持有人即进出口合同的卖方向船东提起索赔。船东在支付对方 148 万美元货款后，与对方达成和解。之后，船东以 A 船务代理、B 货运代理、C 贸易公司为被告向法院提起了诉讼，诉讼金额为 165 万美元及其利息。在庭审过程，A 船务代理辩称本人是代表船东放货，但却无法举证其无单放货事先得到船东的指示；B 货运代理辩称所出具的保函是在接受 C 贸易公司的提货委托后才出具的，并不是为他人担保，故不承担责任。

问题：

（1）A船务代理是否应承担责任？为什么？

（2）B货运代理是否应承担责任？为什么？

（3）如果A船务代理、B货运代理承担了赔偿责任，它们是否有权向C贸易公司追偿？为什么？